LES VITRAUX

A

L'EXPOSITION UNIVERSELLE DE 1867

PAR

ÉDOUARD DIDRON

DIRECTEUR DES « ANNALES ARCHÉOLOGIQUES »

PARIS

LIBRAIRIE ARCHÉOLOGIQUE DE DIDRON

23, RUE SAINT-DOMINIQUE

—

1868

LES VITRAUX

A L'EXPOSITION UNIVERSELLE DE 1867

I

La peinture sur verre est un art de l'ordre le plus élevé. Exploité par des hommes absolument habiles, il ne devrait pas être considéré comme inférieur à tout autre genre, et on pourrait même lui accorder, sous de certains rapports, un caractère de singulière supériorité. Effectivement, le vitrail constitue l'art décoratif par excellence dans son application à l'architecture religieuse et civile, comme il prend volontiers les proportions du tableau et de la miniature dont il admet aisément les qualités de dessin et de couleur, mais dans des conditions très-différentes, ainsi que j'essayerai de le démontrer plus loin.

Malheureusement, tout n'est que convention en ce monde, et je sais qu'il est fort difficile de prouver, même à beaucoup de bons esprits dont le seul défaut, en cette circonstance, serait de ne pas se rendre un compte exact de la question, que la peinture sur verre peut être admise au titre d'art véritable, qu'elle est supérieure à la fresque et aussi estimable que la peinture à l'huile. Les gens imbus d'idées sur lesquelles ils n'ont pas toujours mûrement réfléchi, voient dans ces deux derniers systèmes de peinture une sorte d'institution sacrée, représentant exclusivement l'art dans son expression la plus juste et la plus complète, tandis qu'un vitrail, si remarquable qu'il soit, leur paraîtra une chose bonne à ranger dans la famille des potiches ou des carreaux en papier pour les appartements, à sujets imprimés ou coloriés, un des succès énormes du temps. L'administration refuse également la qualité d'œuvres d'art à ces produits qui lui semblent tomber dans le domaine de l'industrie. Pourquoi? La cause en est bien simple, en apparence du moins : c'est que le vitrail ne sort pas, achevé de pied en cap, des mains de l'artiste, et que celui-ci doit s'adjoindre des collaborateurs ayant chacun une spécialité.

L'application très-fréquente de la peinture sur verre provoque une concurrence exagérée et amène une baisse considérable dans la moyenne des prix. Cette moyenne est certainement très-inférieure à celle que devraient atteindre des œuvres d'art sérieuses. Aussi les peintres verriers n'ont-ils pas la liberté de produire peu. Amenés à entreprendre des travaux d'une grande importance, en superficie, ils sont obligés d'organiser des ateliers dans lesquels se pressent artistes et ouvriers de toutes les catégories. Il résulte de cet état de choses que les vitraux peints passent pour des objets manufacturés et non pour des objets d'art, qu'aux Expositions universelles on les assimile à tous les autres produits de verre et de cristal, et que, par conséquent, les peintres verriers sont classés parmi les fabricants de bouteilles et de cloches pour les légumes.

Une question de mots n'a qu'une importance médiocre, il est vrai, et les peintres verriers, artistes d'un grand talent parfois, ont pleinement le droit de produire des œuvres remarquables qui serviraient à forcer l'opinion du plus grand nombre, à défaut des sympathies officielles qui ne leur ont pas été prodiguées jusqu'ici. Enfin, cette discussion sur la qualité à donner aux vitraux serait puérile, au fond, s'il ne découlait des conséquences extrêmement fâcheuses du perpétuel malentendu dont je parle en passant.

Les vitraux peints, admis plusieurs fois aux « salons », refusés ensuite, accueillis de nouveau, il y a quelques années, repoussés en dernier lieu, ne reçoivent plus l'hospitalité qu'aux Expositions universelles[1]; mais, celles-ci ne sont pas fréquentes et elles le seront de moins en moins, probablement. En conséquence, il semblerait que les organisateurs de ces congrès de l'art et de l'industrie dussent avoir à cœur de faire oublier aux peintres verriers leurs nombreuses mésaventures. Pour atteindre ce but, il eût suffi de classer ces artistes spéciaux d'une façon rationnelle, et de placer leurs ouvrages dans les conditions convenables d'élévation et de lumière qu'ils sont en droit d'exiger : c'est ce qu'on s'est bien gardé de faire. Toutefois il est juste de

[1]. Ces lignes étaient écrites quand j'ai eu connaissance de l'arrêté de M. le surintendant des Beaux-Arts, concernant le « salon » de 1868. Le règlement nouveau comprend l'admission des vitraux. C'est fort bien, mais il est à souhaiter qu'il ne s'agisse plus d'un simple essai, et que la peinture sur verre soit accueillie régulièrement aux « salons » annuels; enfin que l'on supprime les restrictions fâcheuses dont antérieurement on a accompagné son admission. En d'autres termes, et pour parler nettement, le peintre verrier doit être l'exposant en titre et non son dessinateur de cartons, celui-ci ayant la liberté d'exposer personnellement les œuvres sorties de sa propre main.

reconnaître les difficultés exceptionnelles de placement que présentent les vitraux. Ces difficultés sont, en partie, la cause du mal signalé ; mais il faut y ajouter la suprême indifférence témoignée, dans ces occasions, et particulièrement à l'Exposition de 1867, aux peintres verriers et à leurs produits.

Si on daignait se préoccuper, en temps utile, d'un art industriel qui a pris une importance considérable à notre époque, il serait assez facile, le cas échéant, de répondre aux exigences légitimes que je viens de signaler. Sous ce rapport, à l'Exposition internationale de 1867, on a sensiblement reculé au lieu d'avancer. Seul, l'espace accordé était suffisant et au delà. Ainsi, quand les exposants de toutes les autres catégories se disputaient quelques centimètres carrés, on a éprouvé une certaine peine à garnir de vitraux toutes les baies du grand vestibule du palais, centre de l'exposition des peintres verriers. La place, il est vrai, n'était pas tellement bonne qu'elle pût attirer une affluence énorme d'amateurs.

En résumé, si la prochaine Exposition universelle n'était pas dans un avenir assez éloigné pour que mes paroles n'aient pas une grande importance pratique, j'engagerais les peintres verriers à s'abstenir, à moins qu'ils n'obtiennent des garanties sérieuses. Il vaut mieux renoncer à un concours se présentant dans de semblables conditions, que de voir sacrifier des œuvres que l'on a soignées et étudiées avec amour. Le mot « sacrifier » est presque aussi exact dans un sens matériel que dans le sens moral, car des parties de certaines verrières, placées à portée de la main, ont été brisées par les visiteurs [1].

Que faudrait-il donc pour arriver à un résultat satisfaisant ? Simplement ceci : partir de ce principe que la plupart des verrières envoyées aux Expositions sont destinées à des fenêtres élevées seulement de 3 ou 4 mètres au-dessus du sol, et qu'elles ne supportent pas de lumière intérieure, sauf celle qui est tamisée par d'autres vitraux. Il eût été facile d'installer une construction légère dans le parc du Champ-de-Mars, destinée à recevoir les vitraux peints, et réunissant toutes les conditions nécessaires. M. Maréchal, de Metz, a fait cela pour son compte personnel et il s'en est bien trouvé. Si ses confrères n'ont pas suivi son exemple, individuellement, c'est que la dépense aurait été trop considérable et que, d'ailleurs, la place manquait ; mais pourquoi la Commission impériale a-t-elle refusé de consentir à une proposition, faite dans l'origine et dans le même sens, pour une exposition générale des peintres

1. Je parle ici des vitraux placés dans les chemins couverts près des portes Rapp et de Suffren. Si les verrières du grand vestibule étaient à une hauteur telle qu'on ne pouvait les voir, celles des chemins couverts étaient placées trop bas, à hauteur d'appui, et rien ne les garantissait d'accidents probables et survenus en effet.

verriers ? C'est que les vitraux de grande dimension étaient appelés à servir d'élément dans la décoration du grand vestibule, et on a sacrifié à cette idée peu heureuse la partie la plus importante de l'exposition des peintres verriers. La meilleure preuve que je puisse donner de la vérité de mon assertion est que les vitraux n'ont été vus de personne, pas même, du moins on le croirait, des critiques chargés des comptes rendus pour les journaux et revues. Effectivement, il est curieux de le constater, à part quelques petits articles ayant chacun le caractère d'une « réclame » personnelle, aucun travail sérieux n'a encore été fait[1] sur les vitraux exposés en 1867. Les journaux ont parlé un peu de tout et de tous, mais ils sont restés muets devant l'immense quantité des œuvres peintes sur verre, dont beaucoup ne méritaient pas un si dédaigneux silence.

II

Sauf erreur, les établissements de peinture sur verre qui ont exposé au Champ-de-Mars étaient au nombre de 54, dont 30 Français, 18 Anglais, 2 Autrichiens, 2 Prussiens, 1 Belge et 1 Italien. Le peintre belge n'était pas M. Capronnier et c'est à regretter : M. Capronnier avait envoyé un très-bon vitrail à l'Exposition de 1855; son talent est bien connu, d'ailleurs ; aussi, son abstention a-t-elle rendu incomplète l'exposition de peinture sur verre de 1867, la Belgique ayant été trop médiocrement représentée. D'autres abstentions, françaises celles-là, ont été également bien fâcheuses : ainsi, n'ont pas exposé : MM. Gérente, Lavergne, de Paris, et M. Villiet de Bordeaux, tous trois artistes de talent, sans parler d'une quantité considérable d'autres peintres verriers, français et étrangers, que je connais moins.

Pendant les douze années qui ont séparé les deux grandes exhibitions de Paris, beaucoup de peintres verriers nouveaux ont pris place dans les rangs de la corporation. Les derniers venus ne sont pas les moins habiles, comme certains des plus anciens n'ont pu rester les premiers dans leur art. En somme, il y a eu progrès évident, car aucune des œuvres exposées en 1855 n'avait la valeur des principales verrières mises au jour en 1867. Si quelques-uns des chefs de grands établissements renonçaient à une production exagérée sous le double rapport de la quantité et du bon marché, le niveau de la peinture sur verre s'élèverait vite, et les Expositions en ressentiraient une influence

---

1. Cette petite étude sur les vitraux de l'Exposition a été écrite en janvier 1868.

salutaire. Il a été facile de le constater au Champ-de-Mars, malheureusement, la France, plus que l'Étranger, possède de nombreuses et véritables « fabriques» à côté de maisons clair-semées où les efforts sont grands et persistants pour obtenir de bons résultats. L'émulation manque et elle est remplacée par la concurrence. Il résulte de cette situation l'absence d'une grande école où les dessinateurs et les peintres pourraient se former en quantité assez considérable pour suffire aux besoins, et où ils gagneraient un talent qui est l'apanage d'un très-petit nombre.

Une remarque pénible que j'ai dû faire encore, est le dédain évident de certains peintres verriers pour les bonnes traditions d'un art spécial qui a des exigences devant lesquelles il faut s'incliner. S'il n'y a pas, en peinture sur verre, de système absolu dont on ne puisse s'écarter, toutefois, il est des règles qui ont guidé les artistes de la Renaissance, aussi bien que ceux du Moyen-Age, et qui devront guider également les peintres verriers de l'avenir. S'en affranchir n'est pas une marque d'indépendance éclairée, mais la preuve d'un goût inintelligent. Un vitrail, une tapisserie et une mosaïque décorative ne doivent pas être traités de la même manière qu'un tableau. Ainsi, les merveilleuses tapisseries représentant l'histoire de David et qui sont déposées au Musée de Cluny; ainsi, les admirables mosaïques de Sainte-Marie-Majeure et de Saint-Jean-de-Latran, à Rome, ont un caractère propre, en harmonie parfaite avec la matière employée et donnant un effet déterminé. Selon moi, par conséquent, les tapisseries et les mosaïques que je donne comme les modèles de leur genre, sont, les premières, très-supérieures aux tapisseries dites de Raphaël[1] et aux tapisseries des Gobelins (celles-ci ressemblant assez à de médiocres pastels), comme les secondes sont au-dessus de toute rivalité avec les mosaïques qui décorent la basilique de Saint-Pierre de Rome. On ne l'ignore pas, ces mosaïques de Saint-Pierre sortent des ateliers établis au Vatican; elles sont des reproductions fausses et grossières de tableaux célèbres. Ce sont des chefs-d'œuvre de talent et de patience, mais il n'en est pas moins vrai que là n'est pas le but auquel doit tendre l'art si beau de la mosaïque.

Le lecteur me pardonnera de m'être ainsi étendu sur ce sujet, qui n'est pas aussi étranger à cette étude qu'il le semble tout d'abord. Toutefois il est temps de revenir aux vitraux de l'Exposition universelle, et je vais essayer de les passer en revue avec la plus entière impartialité.

---

1. Elles sont au Vatican. Les cartons, d'après lesquels ces tapisseries ont été exécutées, sont conservés à Hampton-Court.

III

Les vitraux peints ont été fort disséminés dans le Champ-de-Mars; le lecteur comprendra donc qu'il est assez difficile de suivre un ordre parfaitement régulier dans la visite que nous entreprenons ensemble.

PAVILLON DE M. MARÉCHAL, DE METZ. — A tout seigneur tout honneur. Je commencerai donc par M. Maréchal qui a une réputation européenne et bien méritée. Il est peut-être le seul peintre de pastel ayant un très-grand talent que la France possède en ce temps-ci. Beaucoup de gens n'aiment pas le système qu'il a adopté dans l'exécution de ses vitraux, et cela est très-permis assurément; mais on ne peut oublier que M. Maréchal est un de ceux qui ont planté le drapeau de la renaissance de la peinture sur verre, il y a bien longtemps déjà, et qu'il a mis au service de cette cause un talent incontestable, des efforts persistants et une carrière remplie par le travail le plus assidu. M. Maréchal n'a pas besoin de signer les vitraux sortis de ses ateliers; ils ont un caractère qui leur est propre et qui est reconnaissable au premier coup d'œil. Peut-être pourrait-on reprocher aux têtes, aux mains et aux pieds de ses personnages d'être taillés tous sur le même patron? Mais on peut en dire autant de bien d'autres maîtres, anciens et modernes, à commencer par le Pérugin. M. Maréchal a une qualité d'un grand prix, à mes yeux, celle de l'originalité. Dans les arts, l'originalité est un don fort rare; aussi est-il juste de l'apprécier à sa valeur vraie. Personne ne peut s'approprier le style de cet artiste; j'ai vu des essais d'imitation qui sont détestables; je ne conseillerai donc à aucun peintre verrier de recommencer une tentative qui ne peut avoir que de mauvais résultats et accuse un sentiment d'infériorité trop marqué.

Les vieux maîtres flamands, et Jean Van Eyck a brillé parmi eux d'un éclat incomparable sous ce rapport, ne croyaient pas déroger à la mission sublime de l'artiste en peignant avec une perfection inouïe les accessoires et les plus petits détails de leurs tableaux. M. Maréchal a suivi leur exemple en soignant toujours, et beaucoup, l'exécution des broderies et des galons dont il orne les vêtements portés par ses personnages. Son talent, en ce genre, est réellement extraordinaire. Or, ce qui semblerait puéril à la plupart des artistes de nos jours, a une importance considérable en peinture sur verre, et les gens du métier me comprendront, car, ils le savent comme moi, le vitrail a besoin de ces recherches d'exécution ayant pour but d'augmenter la richesse et l'éclat de l'effet général. Ainsi, M. Maréchal sème à profusion les perles et les diamants sur les bordures des tuniques et des manteaux dont il habille les figures de ses verrières. J'engage les peintres verriers à marcher sur les traces de cet artiste en ne craignant pas de devenir brodeurs, joailliers et orfévres, un peu plus qu'ils ne l'ont été jusqu'ici.

M. Maréchal a exécuté, pour le cabinet de M. Viollet-le-Duc, un petit vitrail représentant deux moissonneuses encadrées dans un motif d'ornementation architecturale. Ces figures, types de paysannes assez épaisses, tiennent des gerbes de blé dont le ton roux me fait supposer qu'elles sont colorées avec de l'émail jaune, et non à l'aide du jaune d'argent; celui-ci, toutefois, semble se montrer sur la tête des épis. Le seul verre coloré dans la masse est le rouge des draperies qui sont uniformes pour les deux femmes; leur revers violacé est obtenu par de l'émail bleu. Le fond est simplement de verre blanc teinté avec le même émail et gradué. Quant au dessin de ces figures, il est un peu lourd, surtout dans les extrémités. Un sein gauche est beaucoup trop accentué. Dans les cheveux, qui sont bien vigoureux peut-être, un léger ruban rouge, non produit par de l'émail, est une preuve que les chairs sont de grandes pièces de verre rouge gravées, ce qui est une recherche exagérée. La sclérotique des yeux est teintée de bleu, comme il convient à une nature aussi brune que l'est celle de ces paysannes.

On trouvera probablement que j'insiste beaucoup sur la description de ce petit vitrail dont l'intérêt est bien mince. Mon intention est de faire comprendre aux personnes qui s'occupent de peinture sur verre, soit pratiquement, soit en simple théorie, combien le tort est grand de viser à la reproduction trop rigoureuse de la nature dans les détails des têtes d'un vitrail, ainsi que de craindre la multiplicité des plombs. M. Maréchal s'est donné une très-grande peine pour obtenir un assez médiocre résultat. Par exemple, le ciel bleu clair semble peint à l'aquarelle par une main habituée à laver bien proprement de grandes teintes graduées; or, il eût mieux valu employer du verre bleu, coloré dans la masse, qui aurait été dégradé naturellement à l'aide de parties de feuilles de verre plus ou moins foncées. Je signalerai encore ce ruban rouge, assez inutile, ornant la tête des moissonneuses, ce qui, comme je l'ai dit quelques lignes plus haut, a nécessité la gravure, par l'acide fluorhydrique ou la meule, de grandes pièces de verre rouge sur lesquelles les chairs ont été peintes. A l'aide de moyens plus simples et rentrant davantage dans les conditions habituelles du vitrail, M. Maréchal serait arrivé à faire une œuvre d'art aussi bonne, sinon meilleure, et qui aurait eu plus de style.

Des observations du même genre et d'autres d'une nature différente, mais rentrant dans un ordre d'idées semblable, peuvent être appliquées au vitrail que M. Maréchal a exposé sous le titre « les Défaillances ». Cette verrière, destinée à une chapelle du Calvaire, est composée de trois grands sujets colorés, reliés entre eux par deux petits médaillons en grisaille. Autour des médaillons se tiennent des anges affligés. Le fond général en mosaïque verte n'est pas bon, et je n'aime pas beaucoup, non plus, la bordure à cabochons verts et bleus, malgré sa prétention à la richesse. Les petits sujets en grisaille sont très-bien exécutés, mais ressemblent trop à des photographies. Je constaterai, dans les grands médaillons, une application aussi inutile qu'exagérée de gravure sur verre et d'émaux colorants. Ainsi des draperies entières sont modelées avec un émail rouge, assez brillant d'ailleurs. Les anges sont vêtus, uniformément, d'une tunique blanche et d'un manteau violet : ce violet, qui est plaqué, est trop vigoureux et produit l'effet de taches disposées avec régularité. Les ailes des anges sont colorées avec de l'émail bleu et leurs têtes sont gravées sur du verre rouge à l'intention des nimbes qui sont tous de cette couleur. Je le répète, ces différentes recherches de gravure et d'émaux sont louables dans de certains cas, fort rares, où il est difficile de les éviter ; mais il faut en blâmer l'application très-fréquente, devenue un véritable parti pris chez M. Maréchal.

Le vitrail suivant est exécuté d'après les mêmes principes que celui dont je viens de parler, système qui a du bon, je tiens à le constater, en ce sens qu'il prouve le soin extrême apporté dans l'exécution par le peintre verrier. Cette nouvelle œuvre, intitulée « Vitrail de la Sainte-Famille », nous présente trois sujets : la Nativité, l'Intérieur de la maison de Nazareth (où le Christ, avec une tête d'enfant, est au moins aussi grand que ses parents), et la Mort de saint Joseph. Le fond général, en mosaïque jaune, est interrompu par de petits sujets sans cadre : Entrée de la Vierge au temple, Sainte-Famille, Baptême de Jésus-Christ, « Vierge glorieuse » et anges dans les angles. Les grandes scènes, en forme de parallélogramme, ont, sur leurs côtés, et séparés d'eux par un feuillage blanc, des prophètes et patriarches : Abraham, Jacob, Jessé, David, Zacharie, et une sibylle, celle de la Nativité. Cette verrière est, comme la précédente, en style moderne, mais son ornementation est formée de grands feuillages en style du xv⁰ siècle. La bordure est à cabochons émaillés sur fond rouge gravé. On ne peut nier que l'ensemble soit d'un effet très-riche, très-brillant, mais c'est trop lisse et trop clair. Pour terminer, je signalerai encore une faute et une qualité : la première consiste dans le vert foncé et damassé des grands sujets ; la seconde est l'emploi, aussi heureux qu'intelligent, de nombreux filets perlés.

Nous sommes, maintenant, en présence d'une œuvre importante que M. Maréchal a exécutée, il y a quelques années déjà, qu'il a exposée à Londres, en 1862, si je ne me trompe, et qui va prendre place, dit-on, dans une résidence impériale : je veux parler de « l'Artiste ». Ce vitrail, qui est bien plutôt un tableau transparent, représente un peintre tenant un crayon d'une main, et un portefeuille de l'autre. Il est vêtu de velours noir ; sa tête est ombragée par un chapeau à larges bords. « L'Artiste » apparaît à un balcon ; un encadrement de pierre sculptée l'entoure. Sur le balcon est étendu un tapis aux couleurs multiples et très-éclatantes. La figure se détache sur un rideau en verre rouge gravé, avec application de jaune d'argent. L'étoffe, très-vigoureuse de ton, de ce rideau, est damassée en rouge sur fond jaune, dans les grandes parties, et en rouge teinté sur jaune-orange, dans les plus petites.

« L'Artiste », d'après M. Maréchal, est un spécimen de portraits sur verre pour la décoration des palais. A mon avis, cette figure est surtout un échantillon très-complet de ce qu'on peut produire quand on s'est engagé dans une mauvaise direction. M. Maréchal, dont le talent est grand, et, sous ce rapport, je ne cesserai de lui rendre l'hommage qui lui est si légitimement dû, a séduit le public et les artistes en leur présentant une œuvre bien dessinée et d'un grand effet de couleur, mais dans laquelle il s'est complètement écarté du véritable but auquel doit tendre un peintre verrier. M. Maréchal a dépensé là une peine que j'estime immense, et il n'est pas arrivé à faire une œuvre d'art, ni très-durable, les pièces de verre étant d'une dimension trop grande, ni aussi parfaite qu'elle l'eût été, si le peintre s'en était tenu à l'exécuter sur toile, le résultat cherché devant être considéré comme faux, en peinture sur verre, et les moyens employés comme absolument contraires aux règles fort logiques de cet art. Ainsi un vitrail perdra fatalement son caractère spécial, si précieux à conserver, quand l'artiste s'appliquera à reproduire les tons de la nature dans les chairs, à dissimuler les plombs et jusqu'à l'armature en fer (ce dont nous verrons un curieux exemple, un peu plus loin, dans l'exposition de M. Maréchal). Ces recherches sont d'autant plus fâcheuses qu'elles en amènent d'autres encore : ce n'est pas là du progrès, c'est bel et bien se tromper de route. En ce qui concerne la coloration des chairs, dans les vitraux, un système tout conventionnel est le meilleur, et les monuments nombreux et admirables de la Renaissance, à Rouen, Conches, Troyes, Châlons-sur-Marne, Brou, Liége, etc., en sont une preuve évidente. Je ne veux pas parler du Moyen-Age qui, par son style essentiellement archaïque, est en dehors de la question ; mais, au XVIe siècle, époque où la peinture sur verre fait toutes les concessions possibles à la réalité, dans la reproduction de la nature, les chairs sont toujours peintes sur verre d'un ton verdâtre clair, et modelées soit par teintes unies, soit par hachures, à l'aide d'une couleur brune, grise, rougeâtre ou violacée, mais uniforme pour les têtes et les mains d'une même verrière. Les brillants artistes de cette époque extraordinaire se gardaient bien de sortir de la voie qu'ils s'étaient tracée, et les peintres verriers n'ont tenté de le faire qu'à une époque de décadence et par exception. En résumé, et au point de vue pratique, ma conviction est qu'une simple grisaille, légèrement modifiée suivant le cas, et lorsqu'il est bon d'apporter un peu de variété dans une verrière composée de plusieurs figures, est un système supérieur à celui qui consiste à peindre une tête sur verre avec des couleurs analogues à celles qui sont employées dans la peinture à l'huile.

Je reviens à « l'Artiste » de M. Maréchal. Cette figure a des lèvres émaillées de rose ; les chairs, très-modelées et avec beaucoup de science, sont vivifiées à l'aide d'un ton léger du même genre. Le tout est assez opaque, en vertu des agents employés par M. Maréchal, ce qui est certainement contraire au but essentiel de la peinture sur verre : une translucidité approchant de la transparence. Le portefeuille de « l'Artiste » est formé d'un très-grand morceau de verre rouge gravé dans la presque totalité de sa superficie, afin de ménager les cordons qui sont de cette couleur, sans avoir à introduire de plombs. Ces plombs sont l'objet d'une crainte véritable pour M. Maréchal ; cependant ils gênent rarement, ont l'avantage d'accentuer les contours, et, d'ailleurs, quand on ne peut les dissimuler entièrement, on s'y habitue vite et on arrive à ne plus les voir.

Pour en finir avec ce vitrail, je signalerai encore une manche rouge, dont l'émail est gravé pour permettre l'application d'un ton rose dans les lumières, ainsi que les mains qui sont admirables de dessin et de la nature la plus élégante. Les émaux colorants, fabriqués pour la peinture sur verre, sont si imparfaits, si défectueux, que M. Maréchal a dû obtenir très-difficilement les tons brillants et variés du tapis qui est une des parties importantes de son œuvre. Presque tous ces tons doivent être des émaux appliqués sur verre blanc. On a prétendu, il est vrai, que le peintre n'a pas employé exclusivement des couleurs vitrifiables; mais comme il était à peu près impossible de s'assurer du fait à l'Exposition, on doit passer condamnation.

La verrière la plus remarquable qu'ait exposée M. Maréchal et qui donne la mesure la plus exacte de son talent, est un fragment d'une grande page destinée à la cathédrale de Metz et représentant la légende de sainte Catherine d'Alexandrie. Cette fois, l'artiste s'est montré bon peintre verrier, sauf en ce

qui concerne quelques petites erreurs de la même nature que celles déjà
signalées ; mais ces fautes, peu apparentes ici, sont effacées par le talent
exceptionnel déployé dans l'ensemble du vitrail. Sainte Barbe, en costume
de princesse, et sainte Catherine, vêtue d'une manière analogue, mais moins
richement, s'élancent dans l'espace. La première a une tour près d'elle, et la
seconde est au-dessus de sa roue emblématique. Derrière chaque sainte, un
ange tient un encensoir ; mais celui qui est placé près de sainte Catherine a,
en outre, un lys à la main, tandis que celui qui accompagne sainte Barbe
porte une palme. Le manteau de sainte Barbe est admirablement et très-finement damassé en jaune d'argent orangé, sur fond jaune d'un ton différent ;
l'exécution en est irréprochable et est le plus beau spécimen de ce genre que
j'aie remarqué à l'Exposition. J'exprimerai encore toute mon admiration pour
un encensoir d'or, constellé de perles et de gros saphirs : c'est très-beau et
fort brillant. Les têtes, bien dessinées et non moins bien exécutées sur verre,
n'ont malheureusement aucun caractère ; les chairs ont, comme toujours, la
prétention fâcheuse de se rapprocher des tons de la nature. M. Maréchal a
commis une grosse erreur iconographique en donnant les pieds nus à sainte
Catherine. On ne saurait trop le répéter, en art religieux, la nudité des pieds
ne doit être attribuée qu'aux trois personnes divines, aux anges et aux apôtres.
La Vierge Marie elle-même, bien qu'elle soit la reine des anges, ne peut
avoir les pieds nus, d'après les règles établies en vertu d'une tradition con-
stante. Une seule exception est admise en faveur de saint Jean-Baptiste.

Sous le nom de M. Maréchal fils était exposé un bien singulier vitrail, près
de celui dont je viens de donner une description. Cette verrière, traitée
comme un véritable tableau, représente Tobie allant à la rencontre de son
fils. Il y a dans cette œuvre de sérieuses qualités de dessin ; l'effet est vigoureux ; les chairs trop, mais bien modelées ; malheureusement, il faut signaler
une préoccupation énorme d'éviter les plombs et de dissimuler l'armature.
Ainsi les barres de fer sont contournées outre mesure, à ce point qu'elles
épousent des inflexions de mains, des mouvements de draperies et jusqu'aux
feuilles des arbres dans le paysage. Je ne saurais trop m'élever contre un
pareil système qui compromet gravement la solidité d'un vitrail et qui,
d'ailleurs, est fort laid. Plusieurs figuiers couvrent le fond de ciel bleuâtre :
les feuilles et les fruits sont colorés avec du jaune d'argent et de l'émail bleu ;
l'application du premier sur le verre bleu clair produisant un ton vert-olive,
assez peu agréable lorsqu'il est employé sur une surface aussi grande. Ce
tableau-vitrail est encadré dans une ornementation architecturale en grisaille.

La série des vitraux exposés par M. Maréchal, dans son pavillon du Parc, se termine avec deux petites verrières qui ont été achetées par le musée de Vienne (Autriche). La première, dédiée à la Rédemption, a quatre médaillons représentant des prophètes, la Vierge entre deux anges, le Crucifiement et les évangélistes. Ces figures sont en style du xiv⁰ siècle allemand, légèrement modernisé, avec une teinte de chair sur les têtes et les mains. L'ornementation, assez fantaisiste, rappelle le xii⁰ siècle. La coloration est médiocre, pâle et terne. L'autre vitrail est consacré à la sainte Vierge. Les figures des trois médaillons n'ont pas de style déterminé, mais sont peintes au trait, comme celles de la verrière précédente et avec les mêmes tons de chair. Le fond bleu est chargé de feuillages verdâtres, style du xiv⁰ siècle. Une bordure de feuilles de chêne vert clair sur fond bleu entoure le vitrail. Il y aurait les mêmes remarques à faire sur la coloration d'ensemble encore assez pâle et fade. M. Maréchal a employé, avec abus, un certain vert-olive pour ses draperies, qui est d'un mauvais effet et produit des taches.

Je ne dirai rien des divers échantillons de photographies sur verre exposés par M. Maréchal fils, sinon que celles-ci sont vitrifiées et rendues inaltérables par les procédés de MM. Tessié du Motay et Maréchal. Plusieurs de ces photographies transparentes sont colorées avec des émaux. Le résultat obtenu est quelquefois assez heureux, mais ne semble pas d'un grand intérêt pratique.

CHAPELLE DU PARC. — M. Lévêque, peintre verrier à Beauvais, a eu raison de grouper, dans une construction de style religieux, des spécimens de tous les arts qui concourent à la décoration et à l'ameublement des églises. L'idée est heureuse, mais il aurait fallu la mettre en pratique dans des conditions meilleures. Ainsi M. Lévêque aurait pu faire appel, pour l'édification de son petit monument, à l'un de nos architectes, fort habiles, qui se sont plus spécialement voués à l'étude de l'architecture du Moyen-Age, de manière à obtenir un véritable modèle en ce genre : il n'en eût pas coûté plus cher, probablement. De même, au lieu d'accepter indifféremment tous les exposants qui se sont présentés, il eût été bon, à l'aide d'un jury compétent, de faire un choix des plus belles œuvres de l'art et de l'industrie religieux, afin de donner un caractère exceptionnel de beauté et de perfection à cet ensemble des choses du culte catholique, dont M. Lévêque aurait bien fait d'écarter les poupées de cire et autres objets analogues. Toutefois, je me plais à le répéter, l'idée de M. Lévêque était excellente, et elle a abouti, grâce à l'énergique persévérance déployée par cet honorable peintre verrier.

Les vitraux assez nombreux envoyés à cette exposition spéciale par les différents peintres verriers qui ont répondu à l'appel de leur confrère, étaient tous d'assez petite dimension, en raison du peu de superficie des fenêtres dont la chapelle était percée.

A la façade principale, M. Lévêque avait placé une assez grande verrière en ornementation de grisaille, avivée de filets colorés et encadrée d'une bordure toute en couleur. Le tympan du même vitrail, entièrement coloré, représente le Couronnement de la Vierge, sujet très-bien réussi sous tous les rapports.

Sur les côtés de cette fenêtre, j'ai remarqué deux petites verrières qui font le plus grand honneur au peintre chargé de leur exécution. Elles représentent la Fuite en Égypte, le Repos en Égypte, l'Intérieur de la maison de Nazareth et le Recouvrement de Jésus dans le temple. Si l'exécution matérielle ne laisse rien à désirer, je n'en dirai pas autant de la composition et du style qui donnent à ces vitraux l'aspect de ces images enluminées que l'on met dans les paroissiens. La très-large bordure d'encadrement n'est pas à l'échelle des sujets, ni dans son ensemble, ni dans ses détails. Quant à la figure de la Vierge, elle manque de tout sentiment élevé, bien que la tête soit assez jolie.

M. Lévêque a encore exposé diverses croisées en ornementation : grisailles avec filets et bordures colorés dont je ne dirai rien, vu leur peu d'intérêt, et plusieurs vitraux à sujets dont il faut parler, mais en quelques mots. Je signalerai un motif d'ornementation architecturale colorée, en style de la Renaissance, qui m'a paru fort bien réussi ; malheureusement, les figures qu'il encadre, saint Marc et saint Matthieu, ne sont pas très-bonnes, surtout au point de vue de la coloration. De chaque côté de ces figures, j'ai remarqué le mauvais effet d'une ornementation en grisaille, relevée de jaune d'argent et reposant sur un fond bistre : ce dernier détail est précisément la partie défectueuse. Un autre vitrail, le martyre de sainte Ursule, est une mauvaise imitation, tout à fait mal comprise, de la peinture d'Hemling, si admirable dans la châsse conservée à l'hôpital Saint-Jean, de Bruges. Outre un petit sujet en grisaille, M. Lévêque avait aussi, dans la chapelle due à son initiative, un pendant à sa verrière de sainte Ursule : il représente le martyre de saint Pierre, et m'a semblé mal entendu comme composition ; enfin deux stations du Chemin de la Croix, la première et la deuxième : sujets d'un dessin médiocre, mais exécutés avec soin, et ornementation trop verte. En somme, M. Lévêque a exposé un assez grand nombre de vitraux, mais pas une œuvre véritablement importante.

M. Ottin est un jeune artiste de talent qui, après avoir étudié son art dans les principaux ateliers de peinture sur verre, essaye de voler de ses propres ailes. Il s'est déjà révélé à la dernière Exposition organisée, au palais des

Champs-Élysées, par les soins de « l'Union centrale des Arts », comme un peintre s'inspirant aux bonnes sources, et se préoccupant beaucoup de l'exécution matérielle. M. Ottin a envoyé deux petits vitraux d'appartement à la Chapelle du Parc. Le premier est une Roue de Fortune dont les figures sont fort bien modelées, accompagnées d'entrelacs finement peints au trait, comme les quatre vers d'Horace qui l'encadrent :

> Fortuna sævo læta negolio, et
> Ludum insolentem ludere perlinax,
> Transmutat incertos honores,
> Nunc mihi, nunc alii benigna [1].

Le second vitrail est un charmant petit tableau sur verre, traité avec habileté, et que M. Ottin intitule « la Rencontre ». Les costumes sont dessinés avec soin, dans le dernier goût du XVIᵉ siècle. Voilà une œuvre qui prouve combien il serait facile d'appliquer la peinture sur verre à la décoration des maisons. L'emploi de la gravure et des émaux était ici de toute nécessité, en raison de la dimension réduite du vitrail : M. Ottin s'en est tiré à merveille.

La verrière la moins bonne, peut-être, de toute l'Exposition, est la Cène de M. Bazin, du Mesnil-Saint-Firmin. Énumérer les défauts de cette œuvre serait long et fastidieux, d'autant plus qu'il n'y a aucune qualité qui puisse servir de contre-poids ; je me contenterai de dire que le dessin est vulgaire, l'exécution maladroite et la coloration aussi détestable que possible ; il y a abus de jaune et emploi fâcheux de bleu-noir dans les draperies. Mêmes observations pour une verrière de la Résurrection, une autre représentant la Descente de Croix, et enfin, pour une figure de saint Pierre, encadrée d'un motif d'architecture. J'arrive avec plaisir à la légende d'un évêque, racontée en deux croisées, et qui est une œuvre de mérite. Les cartons ont été dessinés par un homme de talent, M. Auguste Ledoux, dans le style du XVᵉ au

---

1. Voici de quelle façon feu M. le comte Daru, membre de l'Académie française, a traduit les quatre vers d'Horace qui ont inspiré M. Ottin :

> La fortune, aux ailes légères,
> Se plaît dans son caprice vain,
> J'obtiens ses faveurs passagères,
> Un autre les aura demain.
>
> . . . .

— Œuvres complètes d'Horace, traduites en vers par P. Daru, de l'Académie française, cinquième édition corrigée, tome II, Paris, 1819.

xvɪᵉ siècle qu'il connaît si bien, et dont l'étude a été le but de sa vie. L'exécution de ces deux verrières est bonne et la coloration suffisante.

M. Pagnon-Deschelettes, de Lyon, fait des vitraux qui ressemblent beaucoup trop à des stores. J'en donnerai pour preuve une assez grande page qui est l'exposition importante de cet artiste. M. Pagnon a représenté un évêque agenouillé devant Pie IX, et ayant derrière lui, debout, comme protecteur ou comme patron, saint François de Sales. Le pape a un air inspiré et tend le bras vers le ciel. La chape de l'évêque est d'une forme et d'un dessin absolument modernes, c'est-à-dire d'une extrême laideur. Mais ce qui est le plus choquant, au point de vue spécial de la peinture sur verre, c'est le ton jaune clair de cette chape, à peine rehaussé par le maigre ornement en jaune d'argent de l'orfroi. Une partie de verre jaunâtre aussi considérable ne pouvait se faire accepter qu'à force de richesse, sous le double rapport de la couleur et du dessin ; mais M. Pagnon n'a pas craint de laisser ce vêtement froid, fade, clair et pauvre. Cet effet blafard est encore augmenté par le voisinage de la chape portée par Pie IX, moins apparente que l'autre, mais traitée dans les mêmes conditions. Heureusement, saint François de Sales réchauffe quelque peu la verrière par son costume violet. Les têtes sont médiocres de dessin et n'ont aucun style.

De chaque côté de cette verrière, le même peintre a placé un motif d'ornementation en style du xɪɪᵉ siècle, qui est un pastiche bien réussi, même sous le rapport de la couleur ; on ne pourrait lui reprocher qu'un manque de salissure[1].

Deux autres vitraux complètent l'exposition de M. Pagnon : le premier représente saint François de Sales, vêtu d'une chape d'un jaune clair moiré, ayant les mêmes défauts que celle dont j'ai parlé plus haut ; mais la tête du saint est bonne. Le dernier vitrail figure un Christ portant une brebis sur ses épaules.

Près de M. Pagnon, M. Lusson, un des vétérans de la peinture sur verre, a exposé une verrière représentant l'Entrée de la Vierge au temple, qui n'est pas à la hauteur de la réputation méritée de ce peintre verrier. Pourquoi la petite Vierge, au lieu du costume si simple qu'on lui donne toujours en pareil cas, est-elle attifée d'une robe dont les manches, serrées vers le haut des bras, forment bouillons, et d'un voile maintenu autour de la tête avec un cordon, de manière à dessiner un nœud sur l'oreille? Ce n'est pas là un

1. Expression habituellement employée en peinture sur verre, et qui rend avec exactitude la pensée, quand on veut parler de l'imitation artificielle de la patine apportée sur les vitraux anciens par le temps.

3

habillement convenable pour la future mère de Jésus-Christ, dont toute la personne devait être empreinte, dès l'enfance, d'une majesté presque divine. Ici, elle ressemble beaucoup trop à une petite communiante coquettement habillée par ses parents. Le Grand-Prêtre se lève de son siége, véritable trône avec dais, en appuyant la main sur la tête d'un lion extrêmement féroce, qui semble prêt à se jeter sur les assistants. Le dessin de ce vitrail est assez bon, la coloration est suffisante et l'exécution honnête; seulement, les vêtements blancs de la Vierge sont trop couverts de grisaille. Je dois signaler aussi l'emploi peu utile d'émaux colorants sur le fond d'architecture.

En face de cette verrière, M. Lusson en a placé une autre, un saint Paul, figure un peu petite et perdue dans un encadrement trop important, composé d'ornementation architecturale. Celle-ci est partie en grisaille, relevée de beaucoup de jaune d'argent, partie en couleur dont les tons sont bien disposés. Le personnage est dessiné et exécuté avec soin, mais n'a pas assez de style; la tête est un peu jeune. Une bordure, en ornementation Renaissance, gravée sur verre rouge avec quelques parties bleues, règne autour du vitrail. Ce n'est pas là, heureusement, ce que M. Lusson a exposé de plus réussi; nous trouverons mieux dans le grand vestibule du Palais.

M. Höner, de Nancy, a voulu accomplir un tour de force en peignant, avec des émaux, les draperies de ses personnages : ceux-ci sont de trop grande taille pour que ce système ait une raison d'être. Il est vraiment incompréhensible qu'un homme sérieux se crée ainsi des difficultés, non-seulement inutiles, mais dont la solution ne peut produire que le résultat le plus détestable. L'exemple malheureux de la manufacture de Sèvres devrait cependant être un enseignement pour les peintres verriers de notre époque. M. Höner a donc représenté un Couronnement de la Vierge, encadré d'une ornementation architecturale blanche et jaune qui est entremêlée de feuillages verts dont l'effet n'est pas bon. Le Christ a un manteau violet à reflets bleus, imitation d'une étoffe qui faisait la gloire des femmes, il y a vingt ou trente ans. Notre-Seigneur porte un sceptre d'une mauvaise forme, comme le nimbe de Dieu le Père. Le dessin de ce vitrail laisse beaucoup à désirer, mais l'exécution est extrêmement soignée. M. Höner est un artiste très-consciencieux; seulement, ses efforts sont engagés dans une fausse direction et il ne peut en retirer que des mécomptes. Sur les côtés de cette verrière, M. Höner a encore exposé deux figures : Isaïe et David; il n'y a rien à en dire.

M. Gsell est un artiste de beaucoup de talent, vieux dans le métier, et qui a exécuté un nombre considérable de vitraux pour la plupart des contrées de l'Europe. L'importance des quatre petites verrières qu'il a placées dans la

Chapelle du Parc est bien trop minime pour donner la mesure du mérite de ce peintre; aussi ma critique devra-t-elle se contenter de l'effleurer du bout de son aile. Au centre du compartiment cédé à M. Gsell, et qui forme le chevet de la Chapelle, je remarque une Adoration des bergers : le dessin en est assez bon et l'exécution soignée; mais la coloration, froide et pâle, donne à ce vitrail l'apparence d'un store.

A droite, deux petites verrières superposées : celle du bas est une Assomption dans laquelle la Vierge, trop mouvementée, est vulgaire, et les nuages qui la portent ressemblent à une fumée épaisse, grâce au ton beaucoup trop clair du verre employé. Il vaut mieux, en pareille circonstance, adopter un bleu d'intensité moyenne pour figurer des nuages ; il tranchera suffisamment sur le bleu plus vigoureux du fond, et n'aura pas l'inconvénient que je viens de signaler. L'exécution de ce sujet est excellente, comme dans le vitrail placé au-dessus. Celui-ci est remarquablement bien traité, dans la manière allemande, qui est le véritable élément de M. Gsell. Cette verrière représente la mort de la Vierge ; elle ressemble assez à un Albert Dürer transporté sur verre; la coloration ne laisse rien à désirer, ce qui n'est pas un éloge de mince importance.

A gauche, M. Gsell a placé un pastiche, très-bien réussi, d'un vitrail du commencement du xiie siècle : on ne pouvait supposer à cet artiste, qui, toute sa vie, s'est préoccupé de la Renaissance, un goût aussi prononcé pour une époque très-primitive que peu de peintres verriers aiment et imitent.

M. Jacquier est un débutant, et il commet la faute d'exposer avant de s'être rendu un compte suffisant des ressources de son métier, tout nouveau pour lui. Je crois en voir la preuve dans sa Flagellation, vitrail dont certaines qualités sont incontestables, surtout celles qui résultent du soin, excessif peut-être, avec lequel l'exécution matérielle est traitée. Mais l'effet est celui d'un tableau où la couleur est complétement absente, le dessin assez bon et le style nul. Un certain réalisme dans la composition, une recherche extraordinaire d'imitation de la nature dans les détails, une figure de Christ dont le modelé pénible est lourd et mou, un fond d'architecture, en perspective, trop considérable [1], tel est le bilan de cette œuvre à laquelle le peintre semble avoir attaché beaucoup d'importance. De chaque côté, M. Jacquier a exposé un motif de grisaille dont l'ornementation, relevée de points jaunes, se détache

[1] Certains vitraux des xvie et xviie siècles, tels que ceux de Gooda (Hollande), vitraux protestants et assez laids, d'ailleurs, sont un précédent que peut invoquer M. Jacquier pour justifier sa composition, surtout en ce qui concerne son immense fond d'architecture en perspective ; mais le vitrail ne comporte pas ce système, à peine admissible dans un tableau.

sur un fond bistré qui est d'un mauvais effet. Ces grisailles, l'une en style de
la Renaissance, et l'autre, écho affaibli de l'art du xiii° siècle, sont entourées
d'une bordure, où l'alliance du violet rose avec le jaune orangé peut être con-
sidérée comme l'idéal d'une mauvaise coloration, en peinture sur verre.

La série des vitraux exposés dans la Chapelle du Parc est complétée par trois
croisées de M. Henri Ely, de Nantes. Cet artiste, plus allemand que français,
ancien dessinateur et habile collaborateur de plusieurs peintres verriers, produit maintenant des œuvres qui sont entièrement de sa main. L'exposition
de M. Ely a donné au public une idée trop insuffisante de son talent. Ses deux
verrières à petits médaillons représentant la vie du Christ, en style altéré du
xiii° siècle, sont assez médiocres : le rouge y est employé avec abus et gravé
à outrance, de manière à produire des taches blanches pour obtenir du jeu
dans l'effet. Un autre vitrail, celui du centre, destiné à la cathédrale de Bur-
lington (États-Unis), est meilleur sans être excellent : il est formé de quatre
sujets historiques relatifs à la vertu de Charité. Chaque scène est encadrée
dans un motif architectural trop blanc. Les figures manquent de caractère,
mais l'exécution en est parfaitement soignée.

Les chemins couverts. — Les galeries de ce nom avaient une certaine
utilité, en ce sens qu'elles formaient un trait d'union entre les côtés latéraux
du palais de l'Exposition et les voies publiques qui enserrent le Champ-de-
Mars : avantage sérieux, en principe, pour le visiteur craignant la pluie et
ayant une voiture à sa disposition. Malheureusement, le toit laissait souvent
filtrer l'eau du ciel, et puis ces galeries n'étant closes, très-imparfaitement
encore, que d'un seul côté, la pluie et le vent rivalisaient quelquefois pour
rendre le passage peu agréable.

On n'a pas voulu admettre l'idée, émise à l'origine, de clore toutes les larges
baies ménagées entre les pans de bois avec des vitraux, parce que ceux-ci
auraient masqué la vue des merveilles du Parc. En conséquence, les verrières
peintes, rangées sur une seule ligne dans chacun des « chemins couverts »,
recevaient une lumière égale sur leurs faces intérieure et extérieure. Des
œuvres vigoureusement colorées et modelées, devaient donc paraître opaques
dans ces conditions mauvaises, et il est vraiment heureux que la grande
majorité des peintres verriers ait l'habitude de produire des vitraux d'un
ton assez clair et d'une excessive translucidité, pouvant s'accommoder, dans
une certaine mesure, d'une semblable exposition. Toutefois, les verrières
placées dans les « chemins couverts » n'ont pu être appréciées que sous le
rapport de la composition et du dessin, l'exécution, et surtout la coloration,
étant tuées par la détestable lumière qui les éclairait. Il fallait avoir l'expé-

rience spéciale de l'homme du métier pour suppléer, par la pensée, à l'absence
de cet effet cherché par l'artiste avec la science et le talent qui lui sont
propres et obtenu avec plus ou moins de bonheur, mais qui exige habituellement beaucoup de calcul et doit être une vive préoccupation pour le peintre
verrier sérieux et aimant son art.

I. PORTE RAPP. — M. Paul Bitterlin est plus connu comme graveur sur
verre que comme peintre verrier. Cependant, à côté de différents échantillons de gravure, il a exposé une œuvre peinte dans laquelle il a pris plaisir à
accumuler les difficultés. Le principal mérite de ces dernières est de donner
beaucoup de mal à l'artiste qui cherche à les surmonter, sans que l'effet y
gagne, bien au contraire. Le vitrail de M. Bitterlin, très-consciencieusement
exécuté, est une sorte d'apothéose de l'impératrice Eugénie, et a pour but de
rappeler la charité si courageuse que la souveraine a montrée lors de cet
horrible fléau appelé choléra qui vient de désoler la France à plusieurs
reprises.

L'Impératrice, assez ressemblante, d'ailleurs, est représentée sous la figure
idéale de sainte Eugénie : la tête est nimbée, il n'y a donc pas à s'y tromper.
Au reste, dans le bas de la verrière, deux anges-amours tiennent un écusson
et montrent du doigt l'inscription dont il est chargé :

> « Sancta Eugenia,
> Infirmorum,
> Simul ac egentium
> Presens tutela. »

Cette figure, symbole et portrait tout à la fois, est assise sur un trône à
dossier élevé. Son costume a des réminiscences byzantines fort louables, assurément, mais il eût été bon d'y introduire une richesse de couleur qui est
totalement absente. Un des bras de la souveraine idéalisée entoure, avec un
mouvement gracieux, une femme cholérique à laquelle un petit enfant tend les
mains. L'autre bras s'appuie sur l'épaule d'une fillette qni apprend à lire, et
qui semble personnifier l'instruction primaire protégée par l'auguste com-
pagne de Napoléon III.

Le fond d'architecture est percé de deux ouvertures qui laissent entrevoir,
l'une, la métropole de Paris, l'autre, la cathédrale d'Amiens, afin de rappeler
les deux villes où l'Impératrice a visité et consolé les malheureux cholériques.

Le dessin de cette verrière manque de style. Le modelé est fort soigné,
avec exagération même, en raison du poli fastidieux qui en résulte. La coloration est terne, obtenue avec des tons clairs et gris qui rendent l'harmonie

facile. Ici encore, je dois signaler un véritable abus de l'emploi des émaux et de la gravure, principalement dans les accessoires tels qu'un tapis, le couronnement du dossier, etc. En outre, M. Bitterlin a eu le tort de damasser des draperies d'un violet rose avec du jaune d'argent : ces deux couleurs ayant une tendance à se confondre à distance, leur alliance exclut toute richesse, ce qui, évidemment, est le but contraire de celui que se proposait d'atteindre M. Bitterlin.

Un petit panneau du même exposant représente une Vierge-Mère dont le caractère est légèrement inspiré du Moyen-Age. La tête de l'Enfant Jésus est trop forte. Le dessin et la coloration sont sans intérêt.

Je ne puis me dispenser de dire quelques mots des échantillons de gravure sur verre placés non loin de là par M. Bitterlin. Outre plusieurs carreaux en style égyptien et autres, j'ai remarqué une glace de 3ᵐ 50 sur 2 mètres, gravée à l'aide de l'acide fluorhydrique, de manière à produire un dessin mat et modelé sur fond transparent. La composition consiste dans le double chiffre de l'Empereur et de l'Impératrice, surmonté d'une couronne et reposant sur un socle orné d'attributs divers. Tout cela est extrêmement bien exécuté; mais cette glace doit être d'un prix de revient fort élevé que ne justifie guère le résultat obtenu.

M. Eugène Oudinot, que nous retrouverons dans le grand vestibule du Palais, a exposé plusieurs verrières près de la porte Rapp.

Je signalerai d'abord une copie fort réduite du fameux Christ de Prud'hon, tableau resté à la mode pour la classe d'artistes qui vit au Musée du Louvre et en fait son moyen d'existence. L'exécution sur verre de cette petite croisée est soignée, mais l'effet de clair-obscur qu'affectionnait tant Prud'hon n'est pas très-bien rendu et, d'ailleurs, produit nécessairement un mauvais effet en vitrail. Une bordure de circonstance, composée d'épines entrelacées d'un ruban blanc, n'offre rien de remarquable.

Vient ensuite une petite verrière à trois médaillons légendaires, en style du xiiiᵉ siècle. Le fond, en mosaïque rouge et verte, est d'un effet peu agréable [1],

---

1. Les fonds sur lesquels reposent des médaillons historiés petits ou grands, semblent exiger des rinceaux dont l'effet est toujours riche. On peut varier le dessin et la couleur selon les cas et selon son goût, tandis qu'avec la mosaïque on tourne nécessairement dans un cercle étroit sans pouvoir en sortir. Ce dernier système d'ornementation ne présente au peintre verrier qu'un petit nombre de motifs, et encore est-il fort diminué si l'artiste exige des différences très-sensibles dans la composition, par conséquent dans l'effet. La coloration, elle, se réduit à ceci : fond bleu, filets rouges, points blancs et jaunes; ou fond bleu, filets blancs, points rouges et jaunes; ou bien encore, fond bleu et fond rouge alternés, avec ou sans filets blancs, points blancs et jaunes. Les filets sont courbes ou droits; les points circulaires ou carrés. L'agencement est en écailles,

mais la coloration des sujets est bonne. Le trait serait excellent s'il avait moins de maigreur.

Près de là se trouvaient placées trois petites croisées, en style du xiie siècle, représentant le Christ, saint Pierre et saint Paul. Ces figures sont dessinées dans un style pur, et je regrette d'être obligé de faire des réserves quant à leur coloration qui laisse à désirer ; celle-ci est mieux comprise dans l'encadrement.

J'arrive enfin à l'un des vitraux que M. Oudinot a exécutés pour la nouvelle église de la Trinité, à Paris. Depuis la clôture de l'Exposition, j'ai pu voir ces verrières à leur place définitive. Leur effet est satisfaisant et rappelle volontiers celui que donneraient des vitraux de la Renaissance disposés dans des conditions analogues ; or je ne fais pas là à l'auteur de cette grande page un mince éloge, certes ! M. Oudinot a eu tort, peut-être, de mettre sous les yeux du public, à l'Exposition universelle, un spécimen de l'œuvre importante dont la ville de Paris lui a confié l'exécution, car de graves défauts qui n'attirent pas le regard de très-loin se révèlent aisément de près. Le style des six médaillons exposés au Champ-de-Mars est celui de l'imagerie de piété, un des fléaux de notre époque. La composition est assez médiocrement entendue dans ces différents sujets, où la vie de la Vierge semblait mal résumée pour qui ne se doutait pas qu'on lui présentait un simple fragment dans cet ordre : — Naissance de Marie, Annonciation, la Vierge dans le temple, le Songe de saint Joseph, le Mariage, la Visitation. — La Vierge dans le temple a un type vulgaire ; et puis ce sujet, fort difficile à traiter il est vrai, a l'inconvénient de se traduire ainsi pour le spectateur qui n'en a pas la clef : Une paysanne achetant des étoffes à une autre femme. Dans la scène de son mariage, saint Joseph ressemble à Charles-Quint, ce qui a le mérite de n'être pas ordinaire, en sculpture ou en peinture, quand l'époux de Marie a été

en cercles, en rectangles ou en losanges. Mais la physionomie d'une mosaïque, à deux ou trois exceptions près, est toujours la même : monotone, froide, plate, sans richesse. Tous les efforts tentés jusqu'ici pour trouver autre chose n'ont pas abouti à de bons résultats. Le bleu et le rouge doivent être les couleurs dominantes, le bleu surtout, et le peintre verrier doit chercher à réveiller la pauvreté de l'effet à l'aide de points brillants figurant des attaches dans ces motifs toujours les mêmes.

Il est très-bon d'user de la mosaïque, mais à la condition de rester dans les principes établis ci-dessus, qui sont rigoureusement les règles observées au Moyen-Age, de ne les employer que rarement, quand on veut varier l'ornementation dans une série de verrières à médaillons, et seulement quand les fonds n'offrent pas une grande surface. Effectivement, il ne peut y avoir d'inconvénient sérieux, sous le rapport de l'aspect d'un vitrail, à ce qu'un fond de rinceaux lutte d'importance, dans une certaine mesure, avec les sujets dont il est l'accessoire, tandis qu'une mosaïque d'une étendue considérable, si elle possède l'avantage incontestable de faire ressortir beaucoup ces mêmes sujets, enlèvera, en proportion, de la richesse à l'ensemble.

figuré. Aucune tête n'a été gratifiée du nimbe traditionnel par le peintre : on
n'en voit pas la raison. Chaque sujet est encadré dans un motif d'architecture
coloré en blanc et en jaune.

II. PORTE SAINT-DOMINIQUE. — M. Em. Bourrières avait une exposition
composée exclusivement de petits vitraux d'appartement, dans lesquels il a
donné la preuve d'un véritable talent spécial. Parmi ces carreaux artistiques,
on remarquait surtout des ornements peints en grisaille encadrant de très-pe-
tites figures en buste, le tout exécuté avec grand soin. D'autres représentent
une Vénus et des amours gravés sur verre bleu et dont le modelé est un peu
trop vigoureux. Je me rappelle un fond blanc non dépoli et parsemé d'ornements, d'écureuils, d'oiseaux, etc., qui m'a paru charmant. Je ne dirai rien
d'un buste de la Vierge, qu'il faut seulement signaler pour mémoire.

MM. Erdmann et Kremer ont exposé plusieurs sujets de genre colorés,
encadrés à la façon rustique, et pour lesquels il n'y a que des éloges à leur
adresser. Ces petites scènes, où les acteurs sont vêtus à la mode du XVIe siècle,
ont tout le mérite de bons tableaux de chevalet. Toutefois, certaines têtes
sont médiocres. Je dois signaler, des mêmes artistes, un portrait de l'Empereur et un autre de l'Impératrice peints en grisaille relevée d'émaux, qui
sont exécutés avec bonheur; ils sont placés dans un cartouche de style Renaissance. L'exposition de MM. Erdmann et Kremer était complétée par un petit
vitrail représentant le martyre de saint Étienne, d'une mauvaise coloration,
mais exécuté avec conscience. Les gestes des personnages sont trop dramа-
tiques. Une Trinité, placée dans la partie supérieure de la verrière, offre cette
singulière particularité que le Christ seul a les honneurs du nimbe crucifère[1].

1. Quelques personnes pensent, à tort, que le nimbe rayonnant devrait appartenir exclusivement à Jésus-Christ parce que, seul, il a été crucifié. A Dieu le Père, elles attribueraient le
triangle isolé ou inscrit dans le nimbe circulaire, à l'exemple de Raphaël et de beaucoup d'artistes
du XVIe siècle, tandis que Dieu le Saint-Esprit aurait en partage le nimbe dénué de tout accessoire. Ces personnes ne remarquent pas que, s'il en était ainsi, le Saint-Esprit entrerait dans la
catégorie des anges et des apôtres, sur lesquels il n'aurait plus aucune supériorité lorsqu'on le
représenterait sous la forme humaine, anges et apôtres ayant droit, comme lui, aux pieds nus.
L'erreur est flagrante, le nimbe croisé ne rappelant, en aucune façon, le supplice infligé à
l'Homme-Dieu. Ce rayonnement qui affecte, par hasard, la forme d'une croix, est un attribut de
la Divinité en général, et il n'a pas été inventé par le christianisme. Ainsi les dieux indous et
bouddhiques ont fréquemment la tête entourée d'une auréole et, de leurs tempes, comme du
sommet du crâne, partent des rayons qui symbolisent les sources principales de la vie et de l'intelligence. Maya, la déesse indoue, est figurée de cette manière. (a)
Par conséquent, le nimbe crucifère appartient également aux trois Personnes divines : il n'est

(a) On relira avec intérêt ce que dit sur ce curieux sujet feu M. Didron aîné, dans son « Histoire de Dieu, » et on
devra examiner soigneusement les dessins qui accompagnent le texte.

M. l'abbé Goussard, établi peintre verrier à Condom (Gers), a exposé un assez médiocre vitrail qui représente la Résurrection. Ici encore, il y a lieu de se plaindre d'une tendance exagérée à l'effet dramatique : les soldats, gardiens du saint sépulcre, sont beaucoup trop effrayés, sinon au point de vue de la vraisemblance historique, au moins sous le rapport des limites imposées à une bonne composition. Le Christ manque de noblesse et son manteau blanc est une faute, légère il est vrai, envers la tradition qui le veut rouge. Au reste, M. l'abbé Goussard s'est donné un certain mal pour obtenir un bon résultat ; on s'en aperçoit à l'exécution qui est soignée. Une bordure verte, encadrant cette petite verrière, est d'un effet criard.

Un graveur sur verre, M. Gugnon fils, avait, près de là, plusieurs spécimens de la spécialité qu'il a adoptée. J'ai remarqué deux bouquets, avec emploi d'émaux, fort bien réussis.

Je suis quelque peu embarrassé, je le confesse, devant une copie du fameux tableau de Pérugin, placé dans le « salon carré » du Musée du Louvre, copie exécutée sur verre par un homme de goût et de talent, M. Paul Nicod. Il y a beaucoup de bien à dire de cette œuvre, qui est une merveille de patience et un véritable tour de force d'exécution pour qui connaît l'extrême difficulté qu'offre l'emploi des émaux ; mais on doit également exprimer le regret de voir tant de talent employé à une tâche aussi difficile, quand le résultat n'est pas meilleur. Les étrangers semblent avoir à leur disposition des émaux colorants d'une qualité très-supérieure à celle des émaux de même nature fabriqués en France. Et puis les Allemands et les Italiens ont acquis une singulière habileté dans l'application de ces couleurs : nous en donnerons bientôt une preuve incontestable. Selon moi, la peinture sur verre est détournée de sa voie véritable quand on la fait consister dans ce procédé que nous ne cesserons de combattre, sauf dans quelques cas peu nombreux où son emploi sera utile et aura pour justification une réussite complète. Malheureusement, M. Nicod ne peut pas alléguer, pour sa défense, qu'il est parvenu à une perfection relative dans l'usage excessif des émaux auquel il s'est condamné ici. Les couleurs sont ternes et pâles, et il est presque arrivé au noir à certain endroit où, pour obtenir du vert, il a cru devoir appliquer

---

pas permis de leur enlever ce privilège. Tout au plus a-t-on le droit de substituer un triangle à la croix, mais c'est une fantaisie qu'il est difficile d'approuver et qui ne peut guère s'appliquer qu'à Dieu le Père. En résumé, le système le meilleur est de croiser le cercle glorieux et lumineux dont une tête divine est entourée, que celle-ci appartienne au Père, au Fils, ou au Saint-Esprit. De cette manière, on obéira à une tradition presque aussi ancienne que le monde, et qui a le mérite considérable de n'avoir souffert qu'un très-petit nombre d'exceptions jusqu'ici.

du jaune d'argent sur du verre bleu. Je sais fort bien qu'il est difficile de copier en vitrail cette peinture du Pérugin représentant la Vierge-Mère ayant deux saintes à ses côtés, sans avoir recours à ces moyens d'exécution que je condamne en principe; mais il y avait un parti à prendre, c'était d'y renoncer. D'ailleurs, M. Nicod aurait pu éviter, dans quelques cas, ses applications d'émaux, l'emploi du verre coloré dans la masse étant possible. Les têtes sont bien faites, mais un peu sèches de modelé cependant, surtout dans les bouches. L'Enfant Jésus est la partie du vitrail qui me semble la plus parfaite; quant au fond du paysage, il n'y a que des éloges à en faire.

M. Nicod, dont j'apprécie beaucoup le très-sérieux talent, a bien prouvé celui-ci dans plusieurs petits vitraux d'appartement placés près de sa copie du Pérugin. J'ai franchement admiré plusieurs figures peintes en grisaille; les unes symbolisant l'Harmonie et la Mélodie, les autres représentant des musiciennes. Ces fenêtres sont complétées par une ornementation fine, simple, élégante, en jaune sur fond blanc dépoli, et par d'autres figures : joueurs d'instruments divers. En outre, sur des cartouches d'un ton bleuâtre, des enfants dansent en se tenant par la main. Cela est exécuté avec un soin infini et contribue à faire de ces petites verrières de véritables chefs-d'œuvre.

Il n'y a rien à dire, vu le peu d'intérêt qu'ils offrent, de divers panneaux d'ornementation en grisaille exposés par le même artiste, et il n'y a pas lieu de parler beaucoup plus d'un autre fragment de vitrail, en style du xiiie siècle, où l'on pouvait voir un Christ entre deux anges et Notre-Seigneur donnant les clefs à saint Pierre. La bordure en est d'un joli dessin, mais certains filets violets m'ont paru fort déplaisants. La coloration d'ensemble est bonne. Il reste à l'actif de l'exposition de M. Nicod une jeune martyre enchaînée, les bras et les jambes nus, et vêtue d'une tunique de couleur verdâtre dont le ton est sale. Le fond rouge est finement damassé. La tête est d'un dessin un peu lourd.

Je ne terminerai pas sans regretter que M. Nicod n'ait pu exposer une grande page susceptible de donner la mesure complète de son savoir-faire.

III. Porte Desaix. — Ici, le lecteur se trouve transporté de l'autre côté du Champ-de-Mars, vers Grenelle. Les vitraux sont disposés de la même manière que dans les chemins couverts opposés.

Nous rencontrons d'abord M. Bruin avec un bagage assez léger, mais composé de produits variés : 1° Vitrail à médaillons en style du xiiie siècle moderné, beaucoup trop même, pour que le résultat soit bon, et qui représente la légende de saint Vincent de Sarragosse, diacre et martyr. Les diverses scènes figurées dans cette petite verrière sont d'une exécution timide et n'ont aucun caractère; la coloration est médiocre, en général. — 2° Petite figure de la Religion sur fond bleuâtre damassé et formant un quatre-feuilles. Les angles en grisaille ont une apparence de papier peint. — 3° Six carreaux en style allemand, représentant des sujets dont chacun est entouré d'un cartouche. Là, M. Bruin se montre spécialiste, et il réussit parfaitement. Ces carreaux sont très-bien exécutés, sans conteste. — 4° Panneau en ornementation peinte avec des émaux colorés sur fond blanc. Le résultat obtenu n'est pas en proportion du travail assez considérable que cette pièce a exigé.

Près de ce dernier exposant, M. Victor Gesta, de Toulouse, avait placé différents spécimens de gravure sur verre, parmi lesquels la tête de l'Empereur et celle de l'Impératrice, traitées toutes deux dans le genre des camées. Les profils s'enlèvent en blanc sur fond rouge; mais celui-ci est d'un effet dur et trop éclatant. Un autre portrait de Napoléon III, en buste, entièrement coloré et mis en plomb, avec accompagnement d'aigles, m'a semblé une chose médiocre à tous les points de vue. Au reste, les peintres verriers devraient bien renoncer à ces portraits, qui sont une tendance fâcheuse, surtout quand ils ont un caractère officiel, car ils ne réussissent jamais.

J'ai à parler plus longuement de deux verrières dans lesquelles M. Gesta paraît avoir concentré toutes ses espérances, en faisant un prodigieux effort pour arriver d'un bond au premier rang dans l'art de peindre sur verre. Mais, hélas! cette tentative énergique est restée sans résultat, et les deux vitraux dont il s'agit ont très-peu attiré l'attention. M. Gesta n'a pas compris qu'il faisait fausse route en s'appliquant, exclusivement, à porter le soin et le fini dans l'exécution jusqu'à leurs limites extrêmes, et cela sans s'inquiéter des conditions essentielles qui constituent le bon vitrail aussi bien dans le présent que dans le passé. Ne cherchez donc pas, dans les vitraux de M. Gesta, le style dans la composition, le caractère dans les figures, un effet décoratif quelconque, ni la couleur surtout, car vous chercheriez en vain. En dépensant une certaine somme de talent, beaucoup de temps et infiniment de patience et de soin, M. Gesta est parvenu à produire de beaux stores, c'est-à-dire des œuvres sans profondeur, sans épaisseur morale, si je puis m'exprimer ainsi, et dénuées de toute espèce d'effet.

L'une de ces deux verrières a pour sujet la proclamation du dogme de l'Immaculée-Conception. Le pape est debout sur son trône, entouré d'évêques parmi lesquels on reconnaît, entre autres, Mgr Dupanloup. Au-dessus, la Vierge sur un croissant, écrasant le serpent et environnée de lumière, tient un lys à la main. Sa tête est encadrée par un nimbe beaucoup trop grand. La partie inférieure de la composition est consacrée aux représentants des divers ordres religieux. Je remarque encore un magistrat, accompagné de deux massiers. Le second vitrail représente l'entrée de Louis XI à Toulouse, et spécialement le moment où cet excellent prince jure de conserver à la cité tous ses priviléges. La tunique du roi est très-finement damassée et brodée; quelques têtes sont bien dessinées. Enfin tout est prodigieusement soigné, peut-être même d'une façon excessive ; aussi est-il vraiment regrettable que les qualités sérieuses d'une œuvre, pour laquelle tant de peine a été dépensée, disparaissent devant son aspect fade, froid, décoloré.

À côté de M. Gesta, nous retrouvons M. Gsell, qui a exposé une partie d'un grand vitrail destiné à l'église de Saint-Godart, à Rouen. Il s'agit encore de l'Immaculée-Conception ; mais, cette fois, la proclamation du dogme nouveau, bien qu'elle soit le sujet principal, est seulement la conclusion, l'épilogue de l'histoire d'une croyance ancienne que le peintre nous raconte en représentant les faits les plus curieux qui s'y rapportent à différents âges. Quelques légendes ou traditions spéciales à Rouen (1070), Pise (1263), Rome (1483), Mayence (1497), sont rappelées dans cette vaste composition, de manière à démontrer combien est vieille et universelle la dévotion à la Mère de Jésus, ainsi que la foi en sa conception sans tache. Les petits sujets auxquels je fais allusion ont un certain mérite de couleur. Je n'en puis dire autant de la grande scène de la proclamation du dogme, qui ne me plaît pas beaucoup sous aucun rapport. Un reproche sérieux à adresser à l'artiste est d'avoir dessiné la plupart de ses têtes d'évêques d'après un modèle unique assez vulgaire. En outre, le geste du pape est trop dramatique; mais, au-dessus, une sorte de frise en grisaille m'a semblé fort bien réussie au point de vue du caractère donné aux figures, comme à celui de l'exécution. Là, sont réunis les patriarches, les prophètes et les saints qui ont chanté les louanges et les singuliers priviléges de la plus élevée entre toutes les créatures de Dieu, ou dont le rôle sur terre se rattache à l'histoire surnaturelle de Marie : Adam et Ève, au moment de leur faute, Jacob, Aaron, Moïse, Gédéon, David, Isaïe, Salomon, la sibylle Érythrée, saint Augustin, saint Dominique, saint Anselme, saint Simon Stock, saint Bernard, saint Jean-Damascène, saint Germain de Constant, saint Épiphane. En somme, cette grande verrière est une œuvre importante, qu'il aurait fallu voir en son entier pour porter sur elle un jugement très-sérieux avec le développement qu'elle mérite.

IV. PORTE DE SUFFRÉN. — Dans ce « chemin couvert », nous rencontrons

M. Lusson pour la seconde fois depuis le commencement de cette étude, mais ce ne sera pas la dernière. Cela m'encourage à me contenter, en ce moment, d'une simple indication, d'autant plus qu'il ne s'agit que de choses assez insignifiantes : carreaux variés pour appartements, représentant de petits sujets, des armoiries, des fleurs, des paysages, etc., le tout très-bien exécuté. En outre, un vitrail plus grand nous montre Jésus descendu de la croix. Le dessin en est médiocre, sans caractère, la coloration vulgaire et peu étudiée; l'exécution prouve du soin, si elle n'est pas absolument adroite.

Vient ensuite M. Lorin, de Chartres, avec deux petites verrières, dont l'une, destinée à l'asile de Bar-le-Duc, a pour sujet le Christ imposant les mains aux malades, et l'autre représente la Vierge donnant le rosaire à saint Dominique, tandis que l'Enfant Jésus, assis sur les genoux de sa mère, tend une couronne d'épines à sainte Catherine de Sienne. Le paysage du fond semble peint avec des émaux. Ces deux vitraux sont d'une honnête facture.

Un des plus anciens peintres verriers contemporains, si je ne me trompe, M. Lafaye, a pris asile dans le kiosque de la photosculpture, où il a trouvé une hospitalité amplement suffisante pour ses produits, malgré l'exiguïté des baies pratiquées dans ce pavillon. Effectivement, M. Lafaye a une spécialité en peinture sur verre, qui consiste à imiter ces œuvres charmantes des xvie et xviie siècles, connues sous le nom de « vitraux suisses », et qu'on peut voir en assez grande quantité dans les musées du Louvre et de l'hôtel de Cluny, ainsi que dans les cabinets d'amateurs. Notre artiste excelle à ces reproductions. Il copie souvent, mais il crée parfois, et ses travaux lui ont valu une notoriété considérable, bien légitimement gagnée. M. Lafaye imite parfaitement l'exécution des peintres ornemanistes anciens; il l'a prouvé avec les petites verrières qui ont servi à clore toutes les croisées du kiosque de la photosculpture.

Un vétéran de la gravure sur verre, M. Petit, a exposé différents spécimens de son métier, tous intéressants. Les essais de ce graveur pour la reproduction de la figure humaine, soit d'après l'antique, soit d'après la nature elle-même, dénotent une immense bonne volonté, de grands efforts, et une ambition qui me semble démesurée. Celle-ci n'est pas justifiée par les résultats acquis; aussi je doute qu'efforts et bonne volonté soient jamais couronnés d'un véritable succès, en raison de la brutalité de l'outil ou des procédés employés. Le rôle de la gravure sur verre doit être plus modeste. Auxiliaire presque toujours obligé de la peinture, dans les armoiries que les donateurs nobles désirent voir figurer sur les vitraux qu'ils offrent aux églises; accessoire utile, en général, la gravure ne peut constituer à elle seule un système bon et complet de décoration, sauf pour l'ornementation des fenêtres dans les cafés. Son application aux lanternes rouges, avec inscriptions blanches, des commissaires de police et des marchands de tabac, ainsi qu'aux petits édifices qui ornent nos places et nos boulevards, me semble surtout incontestable. Donc, M. Petit a tenté les sujets de genre, le paysage, enfin le portrait. Cela prouve de l'audace; mais je prends la liberté de conseiller à M. Petit de s'arrêter dans cette voie : elle est semée de déceptions. J'engage ce graveur, d'ailleurs le plus habile de tous, peut-être, à consacrer exclusivement sa meule et son acide à faire de l'ornementation. Suivre les errements contre lesquels je me vois obligé de protester, a pour unique résultat de produire des œuvres bonnes, tout au plus, à ranger dans la catégorie des « lithophanies ».

LE PALAIS. — Nous entrons enfin dans le grand vestibule du Palais où les peintres verriers avaient dû placer leurs œuvres de grande dimension. Cette longue galerie, de laquelle naissaient toutes les autres, avait été décorée d'une façon intelligente, dans le goût de la Renaissance, par les soins et sous la direction de M. E. Du Sommerard. Les immenses baies, ouvertes à huit ou neuf mètres du sol, qui versaient le jour à profusion, furent mises à la disposition des peintres verriers, et ceux-ci purent y étaler, y entasser même, leurs produits de toutes formes et de toutes mesures, sans avoir à craindre le manque d'espace. Malheureusement, deux inconvénients très-graves, l'élévation exagérée de ces baies et la mauvaise disposition de la lumière, gâtèrent singulièrement, dans la plupart des cas, l'effet espéré. A gauche, étaient placés les vitraux français; à droite, les vitraux étrangers, presque tous anglais et conçus dans une gamme de tons beaucoup plus clairs que ceux employés chez nous. Il en résultait que le soleil, traversant avec une extrême facilité des verrières qui ressemblent à de gigantesques et pâles aquarelles venait, en frappant de ses rayons les œuvres de nos artistes, assombrir celles-ci d'une manière très-sensible. Pendant une grande partie de la journée, les vitraux français ne pouvaient montrer au public que leur mise en plomb, la translucidité du verre coloré, peint et dépoli, étant complétement annulée. Il me semble donc difficile d'admettre que les intéressés pussent être satisfaits d'une semblable exposition.

M. Nicolas, de Morlaix, outre quelques motifs d'ornementation pour lesquels il est difficile de lui adresser des compliments, a exposé un vitrail d'intérêt local pour la ville qu'il habite. C'est l'entrée de la reine Anne, duchesse de Bretagne, à Morlaix. Les notables présentent à la souveraine, non les clefs traditionnelles, mais un petit navire de métal qui est le blason de leur vieille cité. Ces armes de Morlaix, comme celles de France et de Bretagne, sont figurées dans la verrière, au bas et sur les côtés. La composition est bonne, mais l'exécution laisse fort à désirer. Dans l'ornementation architecturale qui encadre le sujet, je remarque des figurines peintes, je ne sais pourquoi, sur verre violet.

Je dois des éloges mélangés d'une légère dose de critique à MM. Guérithault frères, de Poitiers; car ce sont de jeunes artistes de talent et très-soigneux dans leur exécution, mais leur propension à employer des émaux les perdra, s'ils n'y prennent garde. J'ai admiré leur Vierge à mi-corps, inspirée de Raphaël, et je regrette de n'avoir pu l'étudier de près. Une autre Vierge, de style byzantin, m'a semblé également une œuvre intéressante.

M. E. Oudinot a eu l'idée singulière d'exposer un vitrail ancien qu'il a été chargé de restaurer. Je ne suis pas bien sûr de la légitimité du droit qui a permis à M. Oudinot de placer à l'Exposition, avec son nom au-dessous et sans les réserves nécessaires, un vitrail exécuté au xvie siècle (1510), par Pénicaud, dit-on, et qui appartient à l'église de Saint-Pierre de Limoges; mais il faut croire que le droit existe, puisque l'autorisation a été accordée. Toutefois, je doute qu'on eût permis à un restaurateur de tableaux d'exposer un Pérugin ou un Léonard de Vinci avec son nom au bas, et de le tenir quitte parce qu'il lui aura plu de payer l'insertion au catalogue d'une annonce dans laquelle une note donnera l'explication utile. Cela pouvait se faire dans les galeries de l'Histoire du Travail, mais non au milieu de produits créés véritablement par les exposants. En ce qui concerne M. Oudinot, le public, qui lit peu les réclames annexées à un livret et qui, d'ailleurs, n'est pas tenu d'être assez connaisseur pour distinguer un vitrail ancien d'un vitrail neuf, le public, dis-je, a dû s'y tromper. L'inconvénient résultant du malentendu est donc grave et flagrant.

Cette verrière, fort curieuse, assurément, et dont les personnages semblent de grandeur naturelle, est composée de deux sujets séparés l'un de l'autre par un meneau horizontal. Celui du bas, le plus important à tous égards, est la mort de la Vierge, traitée, comme elle l'a toujours été à la Renaissance, mais avec plus de noblesse, pour certaines parties, que dans la plupart des représentations semblables qu'il m'ait été donné de connaître. Ainsi, le plus souvent, Marie est étendue sur un lit placé en perspective, relativement au spectateur, ce qui produit des raccourcis disgracieux et vulgaires. Le vitrail attribué à Pénicaud présente, au contraire, la Vierge morte ou mourante entièrement de profil et couchée sur un lit garni d'une magnifique étoffe brochée. Un long manteau bleu l'enveloppe de la tête aux pieds, de

manière à ne laisser voir que le visage. Les apôtres, amenés miraculeusement à
la montagne de Sion des divers points du monde où ils prêchaient, entourent
la Mère de Celui dont ils propagent la doctrine. Saint Pierre, en chape rouge,
tient d'une main le livre dans lequel il lit l'office des morts, l'autre main est
armée d'un goupillon. Une étole d'or à franges vertes entoure le cou du pon-
tife et va s'étendre sur le corps de Marie. Près de lui, saint Jean porte un
cierge ainsi que la palme, verte et lumineuse, remise à la Vierge par l'ange
qui est venu lui annoncer sa mort, et que le disciple bien-aimé du Sauveur
doit porter devant le cercueil. Un apôtre, placé à l'autre côté de saint Pierre,
tient un bénitier. Un quatrième soulève le couvercle d'un encensoir et souffle
sur les charbons allumés. Quand je dis qu'il souffle, je prends le passé pour
le présent, car la tête de cet apôtre a probablement été refaite et ne semble
pas avoir été comprise dans le sens de l'action qu'a voulu exprimer, si je ne
me trompe, le peintre du xvi° siècle. Les autres apôtres ont chacun une attitude assez triviale ou, du moins, peu en harmonie avec la douleur qu'ils
doivent éprouver et la solennité de la scène. Je remarque l'un d'eux qui,
étant agenouillé, allonge le bras et indique du doigt, sur le livre de son
voisin, un passage que ce dernier ne semble pas trouver. Un autre, sur le
premier plan, est assis et tient son livre sur les genoux; il joint les mains; sa
tête est singulièrement énergique. Le lit de la Vierge est à dossier et baldaquin
d'or avec rideaux verts; plusieurs fenêtres laissent voir le ciel dans le fond de
la composition et sur les côtés. Je termine la description de ce sujet en signalant un beau carrelage, alternativement blanc et bleu : sur le fond blanc sont
figurés des aigles noirs et, sur le fond bleu, des ornements obtenus par l'application du jaune d'argent. Cette partie importante du vitrail de Limoges a
dû subir une restauration qui ne s'est pas bornée à une remise en plomb, car
il n'existe probablement pas au monde une aussi grande partie de verrière du
xvi° siècle qui soit complète; mais l'éloignement m'a empêché d'acquérir une
certitude à cet égard. Si, comme cela semble certain, des portions importantes
ont été refaites, il n'y a, au reste, que des éloges à donner au peintre verrier,
son habileté ayant eu pour résultat incontestable de rendre très-difficile la
vérification. Sous ce rapport, je devrai modifier mon sentiment en ce qui
concerne le sujet supérieur. Ce dernier est un couronnement de la Vierge :
Dieu le Père et Dieu le Fils, d'âge égal, ce qu'il est utile de noter, sont assis
sur un trône d'or à vaste dossier orné d'une arcature bleuâtre fort curieuse.
Le Saint-Esprit en colombe, les ailes étendues, est entre eux et placé à la
hauteur de leur tête. La gloire qui environne la troisième Personne divine
forme d'abord une sorte de globe rouge, et se termine sous l'apparence d'une

lumière dorée : ce jaune et ce rouge sont obtenus par l'argent employé à deux doses différentes. Le Christ, revêtu seulement d'un manteau rouge qui laisse voir sa poitrine nue, tient la boule du monde comme le Père, partageant ainsi la puissance avec lui[1]. Ses plaies sont fort apparentes. Dieu le Père a une tunique verte et un manteau semblable à celui de son Fils. Tous deux posent la couronne sur la tête de la Vierge, qui est agenouillée et vue de face, les mains croisées sur sa poitrine. Elle est vêtue d'un manteau bleu et d'une tunique, qui semblait noire à l'Exposition ; le revers du manteau et la ceinture sont d'or. La tête de la Mère de N.-S. est neuve, bien certainement, car son

---

1. Cela est fréquent à toutes les époques, sans être habituel. En général, chaque Personne divine a et doit avoir, si nous nous plaçons à un point de vue pratique pour les représentations modernes, un attribut qui symbolise sa qualité propre : au Père, la boule du monde, c'est-à-dire la toute-puissance et le souvenir de la Création ; au Fils, la croix qui est le signe de son amour pour le genre humain ; quant au Saint-Esprit, son attribut l'absorbe en entier et il semble disparaître lui-même, sous un certain rapport, puisqu'on le figure presque toujours en colombe, en d'autres termes, sous la forme de l'esprit de sagesse. Il y a pourtant de nombreuses exceptions à cette dernière règle. Effectivement, depuis des temps très-reculés, la troisième Personne divine a été assez souvent représentée sous la figure humaine ; et cela, tantôt en conformité d'âge, de physionomie et d'attributs avec le Père et le Fils, tantôt avec des caractères spéciaux. Les variantes sont trop nombreuses pour que je songe à les signaler ici ; au reste, le lecteur peut se reporter, s'il veut s'éclairer plus complétement, à l'«Histoire de Dieu » de M. Didron aîné, mon oncle regretté. Je tiens surtout à insister sur ce fait que l'antiquité chrétienne, le Moyen-Age et la Renaissance ont aimé, de temps à autre, à donner au Saint-Esprit la forme humaine. L'«Histoire de Dieu » en a offert des exemples aussi variés qu'intéressants, datant de diverses époques et de tous les pays ; mais il en existe beaucoup d'autres, parmi lesquels j'en signalerai trois qui caractérisent des périodes bien distinctes.

Le premier exemple est venu à ma connaissance en lisant le tome second de « l'Archéologue chrétien » de M. l'abbé Gareiso, où le fait est rapporté dans l'Introduction : « Nous disons, à la page 11, que la Très-Sainte-Trinité n'avait été représentée par trois personnages qu'au IXe siècle. Or, on a découvert de nos jours, près de l'église de Saint-Paul, hors de Rome, un sarcophage du IVe siècle, sur lequel le Père, le Fils et le Saint-Esprit président à la création d'Ève sous la figure de trois personnes humaines. Ce tombeau est au Musée de Latran. »

Le second est représenté sur l'un des jambages du portail nord de la cathédrale de Rouen. Là est sculptée toute la Création, dans des médaillons en quatre-feuilles de la fin du XIIIe siècle ou du commencement du XIVe. A la création de l'homme, Dieu le Père, tenant sur ses genoux un disque sur lequel Adam est représenté couché, est assisté de Jésus-Christ et du Saint-Esprit. Celui-ci est un homme barbu, ressemblant entièrement au Fils. Les trois Personnes ont le nimbe crucifère et bénissent.

Le troisième exemple est un vitrail du XVIe siècle, à l'église de Saint-Merry, à Paris. En voici une courte, mais suffisante description, due à M. de Guilhermy, le savant auteur de l'« Itinéraire archéologique de Paris » : « Une Sainte-Trinité, sous la forme de trois personnages, absolument semblables, et touchant chacun d'une main un cercle où se lit le texte si connu, *ego sum alpha et omega, primus et novissimus.* »

J'ai été le premier, peut-être, à remarquer une curieuse Trinité, figurée en grisaille dans le

caractère n'est pas ancien et la couleur avec laquelle on l'a modelée est trop
rouge. Il est possible que la tête du Christ soit moderne également, mais elle
est assez bien pour que l'expression d'un doute soit l'équivalent d'un compli-
ment. Le dallage figuré au bas de ce sujet est charmant de couleur : il est
vert, rose et bleuâtre.

Cette œuvre d'un autre âge, si mal placée dans le grand vestibule, avait
pour voisines deux verrières de M. Lusson, auxquelles elle faisait grand tort.
La plus rapprochée était composée de petits médaillons dans le style de la
fin du xiiie siècle très-moderne, ce qui est regrettable ; car il vaut mieux,

tympan d'une croisée de l'église Saint-Alpin, à Châlons-sur-Marne. Dans ce fragment de vitrail,
le Saint-Esprit, barbu, est assis sur des nuages ; il tient dans une main la colombe, qu'il semble
presser sur sa poitrine.

Cette représentation de la troisième Personne sous la forme humaine me semble rationnelle ; je
ne saurais trop recommander aux artistes de l'employer à l'occasion. On ne peut objecter sérieusement que, le Saint-Esprit ne s'étant pas manifesté sous cette apparence, l'on commet une faute
en le figurant ainsi. Avec cette belle raison, la même défense pourrait être étendue à Dieu le
Père, qui ne s'est pas fait homme non plus et que personne n'a jamais vu. La seule chose incontestable, en pareille matière, est que Dieu, en trois Personnes, a créé l'homme à son image et à
sa ressemblance, car c'est la Genèse qui l'affirme.

Je résume ce que cette note peut présenter d'utilité pratique pour l'artiste et, spécialement,
pour le peintre verrier, en établissant ici la meilleure manière, à mon avis, de représenter la
Sainte-Trinité. Au centre, Dieu le Père, en vieillard, que l'on peut coiffer de la tiare ou de la
couronne impériale, si l'on cherche à s'inspirer de la Renaissance ; mais qu'il vaut mieux ne pas
coiffer du tout, si l'on se rapproche du Moyen-Age proprement dit. La chape et les autres ornements ecclésiastiques, sauf le manipule, doivent accompagner la tiare, comme le manteau, ressemblant à une chape, est l'accessoire obligé de la couronne. La main gauche porte la boule du
monde, ou globe cerclé et surmonté d'une petite croix. A la droite du Père, pour obéir au texte,
doit être placé Dieu le Fils, dont les traits, l'âge et les attributs sont trop familiers à tous pour
qu'il soit nécessaire d'en parler. Je me contenterai de dire qu'il est convenable de considérer la
croix comme un symbole et non au point de vue de la réalité de l'instrument du supplice. La
croix processionnelle doit donc être préférée à ces énormes pièces de bois ajustées ensemble,
que l'on a fait porter à Jésus, du xviie siècle jusqu'ici, dans bien des cas où cela était inutile.
Dès que la figure humaine est donnée au Saint-Esprit, il me semble bon de le représenter avec
une tête un peu plus jeune que celle du Christ, c'est-à-dire avec une barbe naissante ou même
sans barbe. La colombe étant l'attribut nécessaire, absolument indispensable, de la troisième Personne divine, il n'est pas permis de la supprimer. Au reste, elle ne fait pas double emploi dès
qu'on ne lui entoure pas la tête d'un nimbe crucifère, réservé alors au personnage principal. La
colombe ne figure plus le Saint-Esprit ; elle descend au rang de simple attribut. La meilleure
place à lui donner est la poitrine du Dieu où elle apparaît environnée de lumière. Les trois Personnes doivent avoir les pieds nus et le nimbe croisé. Bien que toutes les trois puissent tenir le
livre en main, il est mieux de le réserver à Jésus-Christ.

Le lecteur me pardonnera le développement de cette note, dans laquelle je me suis fort écarté
de mon sujet. J'ai voulu réveiller l'attention sur une question iconographique aussi curieuse
qu'importante, et assez négligée, en général, malgré l'intérêt qu'elle présente.

en peinture sur verre, prendre un parti franc qu'un système bâtard dont le moindre inconvénient est de ne pas posséder les qualités de ses défauts. Il est incontestable qu'il faut chercher à améliorer un style en se l'appropriant, ne pas imiter servilement les imperfections de dessin, ordinaires dans la plupart des vitraux du Moyen-Age; mais il est très-possible d'éviter ce qui semble défectueux, tout en conservant aux œuvres modernes, exécutées à la manière ancienne, leur grand caractère décoratif. M. Lusson paraît saisi d'une timidité craintive lorsqu'il aborde ce majestueux XIIIᵉ siècle; il l'a prouvé avec cette verrière, où la fantaisie joue un rôle trop important, au double point de vue de la composition et de la couleur. Les nombreux médaillons qui composent cette croisée à trois jours, représentent l'histoire des apôtres; la Trinité occupe le tympan. Les sujets reposent sur un fond d'arcatures : c'est un bon système dans des médaillons un peu allongés comme ceux-là, dont la forme hexagonale est, d'ailleurs, heureusement corrigée par des lobes sur plusieurs côtés. Le fond, en mosaïque rouge et bleue, serait excellent si, aux filets jaunes perlés, avaient été substitués des filets blancs. La bordure, régulièrement interrompue par des demi-médaillons, a été dessinée d'après un motif ancien; mais sa couleur laisse à désirer, en ce sens que les palmettes sont toujours vertes sur fond rouge, tandis que pour éviter cette pauvreté et cette monotonie, il eût été nécessaire d'alterner du bleu et du vert. L'effet général du vitrail n'est pas bon, grâce à l'absence de « salissure » qui lui donne trop l'apparence d'une toile peinte, mais il faut constater une certaine entente de la coloration, principalement dans les sujets.

La verrière placée à côté de la précédente, est la XIVᵉ station d'un Chemin de Croix : Jésus déposé dans le sépulcre. Cette œuvre est considérable par ses dimensions, et exécutée, quant à l'ornementation architecturale de l'encadrement, dans le style de la fin du XVᵉ siècle. L'espèce de dais qui surmonte le sujet est dans des proportions un peu vastes, il me semble; il est en trois parties et repose sur une voûte de rochers garnis de lierre en quantité assez considérable pour produire trop de vert; ces rochers forment le fond du tableau, et le sépulcre y est pratiqué. Pour en finir avec l'encadrement, j'ai remarqué, dans cette grande surface blanche et jaune, des parties vertes et violettes qui sont d'un assez mauvais effet. Le fond rouge de l'ornementation est riche, comme toujours. Le sujet m'a semblé fort bien composé; toutefois, les huit figures sont trop les unes sur les autres : aussi le fond est-il un peu dégarni dans sa partie supérieure, et les personnages auraient pu être étagés sur ce champ libre avec grand avantage. Le Christ est assis, la Vierge a le bras passé derrière la tête de son Fils, dont sainte Madeleine baise la main.

Les deux autres saintes femmes sont sur le second plan. Saint Jean est agenouillé et deux Juifs sont placés derrière lui. Aucune tête n'est ornée du nimbe, sauf celle de Jésus, ce qui est un peu léger, au point de vue de l'iconographie chrétienne. Pourquoi M. Lusson a-t-il refusé le nimbe à la Vierge, à saint Jean, à sainte Madeleine? Il eût été préférable d'accuser un parti pris en ne donnant cet attribut à personne, pas même au Christ. La coloration de cette scène est bien disposée; l'exécution et le dessin paraissent très-soignés, mais l'effet général est un peu fade.

A l'autre extrémité du grand vestibule, M. Lusson avait placé son œuvre principale, destinée à l'église du Saint-Sépulcre de Saint-Omer. C'est une immense verrière à cinq baies et une de ces compositions propres à intéresser vivement, à inspirer les artistes chrétiens. Au centre, la Vierge ayant son Fils entre les bras et foulant aux pieds le serpent qui tient la pomme symbolique dans sa gueule. Jésus est armé d'une lance dont la hampe se termine par une croix et en dirige la pointe vers la tête du démon vaincu, réalisant ainsi la promesse faite à nos premiers parents représentés, après le péché, au bas du vitrail. A la main droite du Sauveur est suspendu un scapulaire, probablement pour des raisons de convenances spéciales. Le Saint-Esprit, en colombe, domine ce groupe principal. Deux branches d'arbre, en s'entrecroisant, forment une auréole elliptique autour de la Vierge Marie, circonscrivent le fond rouge sur lequel elle repose, et se ramifient en nombreux rinceaux chargés d'ornements qui supportent quatorze femmes figurant les vertus de la reine des anges. Dans le haut de la composition est placé Dieu le Père entouré des attributs évangélistiques. La Vierge est une figure colossale, tandis que les Vertus sont infiniment plus petites. Il n'y aurait rien à reprendre dans cette différence de taille si elle n'avait pas de sérieux inconvénients. Mais, l'océan d'azur et de verdure, produit par le fond bleu et le feuillage des rinceaux, noie tout ce symbolisme et lui enlève une bonne partie de l'intérêt qui est son apanage. Ces Vertus, en général, ont les attributs exacts que l'art ancien leur accorde, et il est facile de s'assurer des efforts de l'artiste pour puiser aux bonnes sources. Il est regrettable qu'il n'ait pas pris la même détermination au profit des personnages. Aucun d'eux n'a de style ou, plutôt, ils ont tous un caractère vulgaire et digne de l'imagerie moderne. La Vierge manque de noblesse et n'est pas assez élancée; son manteau a trop d'ampleur; la tête est jolie, mais sa beauté est sans élévation. Les Vertus sont de petites femmes mondaines, aux vêtements très-variés et dont la prétention à la richesse est le seul mérite. Je ne sais quel effet peut produire cette grande verrière à sa place définitive, mais je ne serais pas étonné si elle manquait d'éclat et de vigueur. Autant qu'il m'a été possible de l'apprécier à l'Exposition, j'ai dû porter un jugement peu favorable sur sa coloration; toutefois je fais des réserves à cet égard, une œuvre de cette importance ne pouvant être jugée sérieusement qu'à la condition d'être vue dans son véritable cadre. Le fond bleu général, qui m'a semblé d'un beau ton, donne une douce harmonie à l'ensemble du vitrail. Pourquoi faut-il déplorer l'emploi de rouge noir, ainsi que de violets ternes et souvent d'une nuance trop bleue qui leur ôte toute chance de se détacher du fond? La coloration, bien qu'elle soit chose essentielle en peinture sur verre, ne paraît pas être une préoccupation suffisante chez la plupart de nos peintres verriers : rien n'est plus regrettable.

Plusieurs fragments complétaient l'exposition de M. Lusson : — 1° Une série de sujets de la vie de Jésus-Christ et de scènes de l'Ancien Testament, médaillons en style du xiiie siècle, sur fond de mosaïque, dont le dessin et l'exécution sont excellents. — 2° Motifs de grisaille en ornementation de caractère roman s'enlevant sur fond jaune, ce qui est un parti pris audacieux, mais justifié par un succès relatif dans ce cas. — 3° Un Christ traité à la manière moderne avec des réminiscences byzantines; cette figure a de sérieuses qualités de dessin dans les détails, aussi je regrette d'avoir à lui reprocher son aspect lourd et trapu; un motif d'architecture qui l'encadre aurait de la valeur sans une coloration mal entendue où je remarque l'abus du violet-évêque. Au reste, le Christ est également d'une couleur critiquable et le fond jaune est, cette fois, absolument mauvais, malgré les circonstances atténuantes d'un damassé exécuté au trait. — 4° Petit crucifiement en style du Moyen-Age moderne sans scrupules.

Peintre verrier lui-même, l'auteur de cette étude, s'il s'est cru permis d'apprécier les œuvres de ses confrères (l'emploi étant resté vacant), ne pense pas pouvoir se juger à son tour. Cependant sa qualité d'exposant l'oblige à passer aussi sous les yeux du lecteur, maintenant que les vitraux dont il a dirigé l'exécution se présentent à leur rang, dans une nomenclature qu'il est utile de rendre complète. Il oubliera d'autant moins la discrétion imposée par le rôle qu'il s'est attribué, que l'utilité pratique de ce compte rendu est le but essentiel à atteindre.

Les ateliers de peinture sur verre fondés par feu M. Didron aîné, mon oncle et père adoptif, ont envoyé à l'Exposition de 1867 deux grandes verrières destinées, l'une à l'église de Saint-Maclou de Pontoise, l'autre à celle du Saint-Sauveur de Lille. Je signalerai, en outre et pour mémoire, deux motifs d'ornementation colorée, genre beaucoup trop dédaigné jusqu'ici.

Le vitrail de Saint-Maclou de Pontoise qui se trouve, aujourd'hui, dans son cadre définitif où il est exposé avec toutes les conditions nécessaires pour être convenablement apprécié, c'est-à-dire à trois mètres au-dessus du sol et en pleine lumière, ce vitrail était placé d'une manière désastreuse dans le grand vestibule du Palais, j'entends à une hauteur telle que l'œil ne pouvait facilement l'apercevoir et, le plus souvent, avec autant de jour devant que derrière. Il en est résulté que personne, à l'Exposition, n'a pu juger, en parfaite connaissance de cause, une œuvre pour laquelle de très-grands efforts ont été faits et toutes les ressources utiles, offertes par la peinture sur verre, employées sans exception ; il ne m'appartient pas de dire si toute la peine dépensée a été couronnée d'un sérieux succès.

Le vénérable curé de Saint-Maclou, M. l'abbé Driou, qui porte à sa belle et grande église le plus vif intérêt, a désiré avec raison que ce vitrail perpétuât d'une façon matérielle un des faits les plus importants de l'histoire de Pontoise, la peste terrible qui décima cette ville au xviie siècle. La population, dont la dévotion à la Vierge avait eu déjà l'occasion d'être récompensée, se mit spécialement, en cette circonstance, sous la protection de la reine du ciel, et le fléau, paraît-il, cessa immédiatement après : c'est ce qu'on a cherché à rappeler dans la verrière. Au bas et formant le premier plan, sont représentés les épisodes ordinaires d'un malheur public de ce genre. Une pauvre mère pleure son enfant mort étendu sur ses genoux. Une vieille femme veut attirer l'attention d'un médecin et le conduire vers des malades qui lui sont chers ; mais hélas ! que peut la science contre ces horribles empoisonnements appelés, suivant les âges et les pays : peste, fièvre jaune, choléra ou typhus ? Elle est absolument impuissante ! Le médecin de notre verrière détourne donc sa tête pensive, en paraissant se demander à quoi il est utile. Enfin, comme complément de cette partie du tableau, des fossoyeurs enterrent des cadavres. Au-dessus, et sur le second plan, le vicaire général de Pontoise [1], entouré des échevins, du gouverneur et des notables, implore solennellement la Vierge, au nom de la ville entière, pour la cessation du fléau. Ainsi que cela est représenté dans le vitrail, le vœu, par lequel la population se met sous la protection de la Mère de Dieu, fut réellement prononcé devant une statue du xive siècle qui était placée contre le meneau divisant en deux la porte principale de l'église Notre-Dame. Cette statue

---

1. Le diocèse de Versailles étant de création postérieure à l'événement dont il s'agit, Pontoise dépendait, à cette époque, du diocèse de Rouen. Mais, en raison de l'éloignement, l'archevêque faisait administrer la circonscription de Pontoise par un vicaire général auquel il déléguait des pouvoirs considérables et presque épiscopaux.

existe encore ; elle est l'objet d'une grande vénération et le but d'un pèleri-
nage célèbre ; mais, depuis, elle a été transportée dans une chapelle édifiée,
il y a peu d'années, sur le côté droit de la nef. La Notre-Dame actuelle est
bien celle qui existait au moment du vœu, en 1638 ; elle était alors de construction récente, car elle remplaçait un antique sanctuaire détruit à coups de
canon pendant les guerres de la Ligue. Pour les besoins de la composition,
et afin de condenser dans le vitrail tout ce qui se rapporte à ce triste événement, comparable, toutes proportions gardées, à la trop célèbre peste de
Marseille, on a dû réunir à l'épisode du vœu qui est la scène principale, une
procession faite dans la ville et formée des corporations religieuses et des
métiers, laquelle vient aboutir à Notre-Dame quand les derniers personnages
qui en font partie ne sont pas encore sortis de Saint-Maclou. Cette procession
se déroulant en longs anneaux a été reproduite d'après des documents authen-
tiques qui donnent les plus grands et minutieux détails sur sa composition.
Chaque métier était représenté par deux membres de la corporation portant
des attributs spéciaux : les serruriers, une clef gigantesque ; les jardiniers, une
corbeille de fleurs ; les vignerons, un cep de vigne ; les mariniers, un bateau ;
les bouchers, un agneau ; les parfumeurs, un vase duquel s'échappait de l'en-
cens ; les tailleurs, ou marchands d'étoffe, une pièce de drap fleurdelysée, etc. Le
vitrail figure même un architecte tenant le plan d'une église du xiiie siècle,
publié jadis par les « Annales archéologiques ». Enfin, viennent le personnel
des monastères, le clergé séculier portant des châsses et des statues, ainsi
que tout le reste de la population, unanime dans sa confiance en la puissante
Mère du Sauveur. A gauche, est représentée la personnification de la peste :
être malfaisant, au visage sombre et livide, qui s'enfuit à tire-d'aile en remet-
tant son épée dans le fourreau à la vue de toute cette foule en prière. Cette
figure est légèrement inspirée de l'archange qui surmonte le château Saint-
Ange à Rome. A droite, deux épisodes, réunis sur un même point, contribuent
à donner de l'animation à l'ensemble de la composition, en variant un peu
l'intérêt qu'elle présente : au-dessus de l'une des portes de la ville, des ouvriers érigent la statue de la Vierge comme il a été fait sur plusieurs autres,
en conséquence du vœu ; l'entrée de cette porte est défendue par des soldats
dont le chef examine les papiers d'un étranger à cheval qui veut pénétrer
dans Pontoise, malgré les ordonnances rendues à l'effet d'empêcher la recru-
descence de la maladie. Le tympan est occupé par la Vierge tenant l'Enfant
Jésus entre ses bras et qui, du haut du ciel, étend sa protection sur la ville
désolée.

Cette grande verrière, qui mesure six mètres de haut sur trois mètres et demi de large, était d'une exécution extrêmement difficile, car la nature du sujet, l'agencement obligatoire des épisodes à représenter, le costume des personnages du premier plan, enfin la perspective aérienne qu'il était indispensable d'observer soigneusement dans une pareille composition, tout, en un mot, rendait périlleuse la tentative de faire un bon vitrail avec les éléments ordinaires d'un tableau d'histoire. J'ai essayé de résoudre le problème et aussi de démontrer, par la pratique, qu'il est possible d'obtenir un résultat satisfaisant sans s'écarter un instant des règles constitutives de la peinture sur verre, telle que l'ont comprise nos ancêtres. Obéissant à ces lois nécessairement inflexibles, j'ai dû proscrire l'emploi des émaux et, dans tous les cas, ne pas craindre de me servir des plombs, même dans l'exécution des petites figures appartenant aux plans éloignés. En ce qui concerne la coloration, il a fallu, afin de rester fidèle au programme, passer des tons vigoureux et violents aux teintes les plus claires et les plus tranquilles, sans qu'aucune partie de la verrière ressemblât à un store, et en confondant l'ensemble dans une harmonie parfaite. Je suis heureux de saisir cette occasion qui me permet de rendre hommage au talent d'un très-habile collaborateur : M. Hussenot a dessiné le carton de ce vitrail et il a prouvé, en cette circonstance, des qualités qui le placent définitivement au rang le plus élevé parmi les artistes spéciaux. M. Hussenot m'a singulièrement facilité la tâche que M. le curé de Saint-Maclou m'avait confiée ; il a produit là une œuvre remarquable dont l'importance égale celle de l'exécution sur verre.

L'autre verrière était composée de deux scènes superposées : la Nativité et Jésus prêchant sur la montagne. Elle fait partie d'une série de croisées dans lesquelles a été résumée la vie de Notre-Seigneur et qui éclairent le chœur de l'église du Saint-Sauveur, à Lille. Comme celles du premier plan dans le précédent vitrail, les figures sont de grandeur naturelle. Des rinceaux vigoureusement colorés encadrent les sujets, de manière à donner la forme ovale à ces derniers.

Bien que les vitraux exposés par M. Paul Chalons, de Toulouse, ne soient pas absolument des œuvres remarquables, il est impossible de leur dénier de sérieuses qualités. Je crois que M. Chalons est un peintre de mérite, capable de faire très-bien, mais qui a besoin de compléter ses études par un examen plus attentif de cette grande époque de la Renaissance dont il semble s'inspirer. L'effet général des verrières de cet artiste est bon et assez vigoureux ; seulement les figures en sont quelque peu vulgaires. Ainsi, je vois un Moïse portant les tables de la loi sous son bras, comme on le ferait d'un portefeuille, tandis que le roi David, son pendant, écrit, d'un air peu repenti, les psaumes de la pénitence. Ces deux personnages ne sont pas beaux, assurément, mais ils ne manquent pas de style. L'exécution est lourde, qualification qu'il est juste de faire partager par la bordure du vitrail de Moïse dont le motif écrase le sujet principal.

L'œuvre la meilleure de M. Paul Chalons est une sorte de glorification de la ville de Toulouse. Je regrette, en raison de la hauteur à laquelle était placé ce petit vitrail, de n'avoir pu en démêler complétement la composition, car celle-ci m'a semblé offrir un certain intérêt. Je regrette plus encore que M. Chalons ait diminué beaucoup l'importance du sujet pour faire place à une mauvaise bordure semée de grandes plaques rouges. Somme toute, je constate de très-sérieuses qualités de dessin et de coloration dans les figures et des fautes énormes dans l'ornementation.

Je voudrais bien m'en tenir là avec cet artiste qui m'est sympathique et je suis fâché d'avoir à signaler de lui deux autres verrières représentant l'une saint Ferdinand, et l'autre une jeune reine quelconque. Ces figures sont à peu près détestables sous tous les rapports. La bordure qui les encadre n'est guère moins mauvaise. Tout cela est un triste assemblage de couleurs qui s'assassinent mutuellement et font grand tort aux yeux du spectateur. La tête du saint Ferdinand ne supporte pas l'examen. Je suis donc très-étonné que M. Chalons, artiste de valeur, ait eu la faiblesse d'exposer de semblables choses.

Un peintre verrier qui aurait dû ne pas déposer sa carte à l'Exposition universelle, est M. Gilbert, de la Charité-sur-Loire (Nièvre). Cet honorable industriel a gratifié le grand vestibule du Palais d'un saint Augustin qui a la sotte prétention de ressembler à un évêque du Moyen-Age. La chasuble et la mitre de ce singulier personnage sont d'un rouge noir, ainsi que le fond de l'ornementation d'entourage : cela donne une idée avantageuse de la manière dont M. Gilbert entend la coloration.

Il m'est infiniment agréable d'avoir à parler maintenant d'une grande verrière exposée par MM. Goglet, Queynoux et Pouyet, et dont le sujet est la généalogie de la Vierge Marie. Il manque à peine à ce vitrail quelques-unes des qualités dont l'ensemble constitue un chef-d'œuvre; mais avant de l'apprécier, je me hâte de le décrire en peu de mots.

De la poitrine d'Israël ou Jessé, qui est couché et endormi à la manière ancienne, sort un arbre dont les branches immenses, en se ramifiant, donnent naissance aux rois de Juda, ancêtres de la Mère de Jésus. Je distingue David, Salomon, Roboam, Josaphat, Joram, Ézéchias, Manassé, Jéchonias. Enfin, au sommet de l'arbre, apparaît sainte Anne tenant, entre ses genoux, la petite Vierge qu'elle fait lire. De chaque côté de Jessé, on remarque

6

un prophète, dont l'un est Isaïe, comme il est facile de s'en assurer par le phylactère qu'il a en main, portant le commencement du fameux texte : « Et egredietur virga de radice Jesse, et flos de radice ejus ascendet. Et requiescet super eum spiritus Domini : spiritus sapientiæ et intellectus, spiritus concilii et fortitudinis, spiritus scientiæ et pietatis ; et replebit eum spiritus timoris Domini [1]. » Le second prophète tient également un cartel dont il m'a été impossible de lire l'inscription, ce qui m'empêche de le nommer. Sauf David, qui s'appuie sur sa harpe, tous les autres rois portent un sceptre, uniformément, ainsi qu'une banderole sur laquelle leur nom est inscrit. Salomon aurait dû avoir, entre les mains, le temple de Jérusalem, son attribut constant; mais rien ne le distingue ici des autres ancêtres. Joram est figuré en nègre dans cette composition : il est à supposer que l'artiste a dû être guidé, en le représentant ainsi comme appartenant à une race différente de celle dont est issue toute la famille de Juda, par le désir de rompre la monotonie des figures. La plupart de ces têtes sont assez belles ; deux ou trois même le sont absolument. Toutefois, je fais une réserve au détriment de Josaphat qui, avec ses longues moustaches et son menton rasé, ressemble fort à un pandour. D'autres têtes ont une certaine vulgarité sans avoir le moindre caractère pour correctif. Au résumé, il y a beaucoup plus d'éloges et de félicitations à adresser aux trois artistes qui ont produit ce remarquable spécimen de l'art du peintre verrier que de graves critiques : le dessin est presque toujours bon et plein d'originalité ; l'exécution matérielle est hors ligne ; la coloration à peu près excellente dans l'ensemble, mais défectueuse dans quelques parties. Je dois signaler de grandes draperies trop claires et produisant l'effet de trous, à côté de plusieurs autres qui sont d'un ton violent ou bien d'une nuance sombre avec exagération. Ainsi, Jéchonias a un manteau rouge gravé de nombreuses stries rosées, doublé d'un revers blanc d'une crudité désagréable ; sa tunique jaune ajoute à cet effet malheureux que l'on aurait facilement atténué à l'aide de broderies ou d'une patine. Par contre, Josaphat, à la tête de brigand, est vêtu d'un costume violet qui semblait à peu près noir, lorsque la lumière n'était pas favorable. Or ces différences ne sont pas admissibles dans un vitrail dont toutes les figures sont au même plan. Le manteau rouge de David est damassé et gravé à l'acide de façon à lui donner l'apparence d'un foulard des Indes. Le personnage le mieux réussi, à ce point de vue de la coloration, est Salomon ; il l'est assez même pour mériter les honneurs d'une description spéciale : — Tunique blanche damassée en jaune d'argent très-léger et ornée, au bas, d'un galon blanc brodé ; ceinture d'un

1. Isaïe, XI, 1, 2 et 3.

vert bleuâtre foncé; manteau jaune garni d'une broderie noire; les épaules sont couvertes d'une sorte de camail rouge clair sur lequel se détache un collier d'argent; chaussures rouges; sceptre d'argent, surmonté de la main d'ivoire; coiffure rouge à revers violet, autour de laquelle brille une couronne d'or. Le cartel est rose. Le lecteur me pardonnera cette description digne d'un journal de modes, surtout s'il est peintre verrier, car elle a de l'importance et une véritable utilité pratique. La grande draperie, sur laquelle Jessé est étendu, est également d'une grande richesse de couleur. Elle est semée d'un damassé aux tons variés formant mosaïque et d'un effet très-harmonieux, grâce à la disposition des couleurs : rouge pâle et plus foncé, bleu de même, jaune et vert olive; quant au galon violet qui la borde, il est d'une pauvreté contraire à son rôle.

Souvent, pour obtenir de l'harmonie, les auteurs de ce vitrail ont adopté avec franchise des moyens un peu naïfs et qui rentrent plus dans le caractère de la fresque et de l'aquarelle, qu'ils ne sont du ressort de la peinture sur verre. Ainsi, les trois grandes figures du bas, les plus importantes de toutes, sont d'une coloration mesquine. Le prophète de gauche est couvert d'un manteau brun orné d'un galon rouge et doublé de violet; or il est évident que la richesse de l'effet est sacrifiée, en cette circonstance, au désir exagéré d'obtenir une harmonie incontestable. L'autre prophète est un second exemple de cette préoccupation : ce personnage est habillé d'une tunique dont le ton d'un gris vert est singulièrement terne, sans avoir le mérite de faire ressortir le violet très-bleuâtre du manteau. Tout cela est triste de couleur et contraire aux lois essentielles du vitrail. Je suis absolument convaincu que le véritable principe, en cette matière, est d'arriver à l'harmonie à l'aide de tons francs, éclatants et presque toujours vigoureux. Il ne faut pas, à mon sens, sacrifier une partie de verrière au profit d'une autre, c'est-à-dire colorer pauvrement une figure pour que sa voisine en semble plus riche. Un bon vitrail, qu'il appartienne au Moyen-Age ou à la Renaissance, est composé, à peu près exclusivement, de tons brillants d'un bout à l'autre. Le peintre moderne doit rester fidèle à cette règle, essence même de son art.

Les branches de l'arbre donnent naissance à des tiges ou rameaux qui produisent des feuilles, des fleurs et des fruits : les feuilles sont d'une nuance assez uniforme, dont le ton est tempéré par une patine générale et le modelé; les fleurs et les fruits forment des points brillants rouges, roses, blancs et jaunes, semés sans profusion. Au tronc est attachée une draperie qui semble abriter Jessé. L'étoffe en est jaunâtre, rayée de bandes blanches et doublée de violet : c'est d'une harmonie douce et charmante.

Le fond général de ce beau vitrail est bleu, bien entendu, cette couleur étant la seule qui puisse être adoptée au mieux de l'effet général, dans cette partie d'une verrière, par sa beauté tranquille et la facilité avec laquelle tous les tons s'harmonisent avec elle. Mais le bleu employé par nos trois artistes associés est un peu clair. Un fond plus vigoureux aurait eu pour avantage de rendre les figures plus lumineuses qu'elles ne le sont, ainsi que d'augmenter encore la richesse de la palette si remarquable de ces habiles peintres verriers. Je ne serais pas étonné que l'ensemble du vitrail perdît de son effet dans les conditions ordinaires d'une bonne disposition de la lumière. Le jour, si défavorable pour la plupart des vitraux exposés dans le grand vestibule, était excellent pour l'œuvre de MM. Goglet, Queynoux et Pouyet : là, elle faisait vraiment merveille, à part les quelques défauts signalés.

M. Guilbert d'Anelle, d'Avignon, a exécuté avec soin et conscience les trois vitraux qu'il a envoyés à l'Exposition. C'est un artiste plein de bonne volonté, mais qui n'a, en aucune façon, le sentiment de la couleur, ou qui n'y attache pas grande importance. Ainsi, les deux anges musiciens qui planent au-dessus de la Vierge, dans sa verrière de l'Assomption, ne se détachent pas du fond bleu, grâce au manteau d'un violet très-bleuâtre dont ils sont enveloppés tous deux. La « gloire » entourant Marie est trop vaste, surtout en raison de la couleur jaune qui est la dominante, quand elle devrait être employée avec la plus grande modération et par petites parties. En pareil cas, le jaune étant de rigueur, puisqu'il exprime l'idée de la lumière dont la Mère de Jésus est enveloppée au moment de son assomption, il est essentiel de rétrécir la « gloire » ou auréole dans toute la mesure possible. La tête de cette Vierge est d'un type trop mondain et peu élevé. Les deux autres verrières du même exposant représentent saint Pierre et saint Paul : il n'y a rien à en dire.

M. Maréchal, de Metz, ne s'est pas contenté de son pavillon du Parc, et il a tenu à exposer aussi dans le grand vestibule du Palais. Je passerai sous silence quatre grisailles dans la manière du Moyen-Age, tout en signalant un motif de bordure trop grand et d'un pauvre effet, et j'arrive de suite à une grande verrière composée de deux figures avec encadrement d'architecture. Ces personnages sont saint Ferdinand et sainte Marguerite. Celle-ci est habillée d'une tunique blanche bordée d'un très-riche et large galon, comme M. Maréchal en a le secret, ainsi que d'un manteau violet imitant le velours, genre affectionné par le maître. La sainte tient une palme et foule aux pieds un dragon gigantesque dont la peau chatoyante est d'un ton vert très-vigoureux et semble modelée avec de l'émail. Saint Ferdinand, sceptre en main et couronne sur la tête, a une tunique analogue à celle de sainte Marguerite et un manteau de velours rouge grenat à revers de soie écarlate, qui est positivement un chef-d'œuvre d'exécution. Il est impossible de faire mieux, je l'affirme. Seulement, il me semble que M. Maréchal abuse du velours, en raison de la perfection avec laquelle il l'imite. Je me rappelle avoir vu, dans une église du nord de la France, une série de vitraux du même peintre, où tous les personnages, des évêques, je crois, ont des manteaux ou des chapes de cette étoffe. Ce système a le grave inconvénient d'assombrir beaucoup les fenêtres par la nécessité où l'on se trouve de teinter vigoureusement de grandes parties de verre, afin de ménager quelques minces reflets de lumière sur la crête des plis, si peu nombreux, produits par cette lourde étoffe. Employé avec plus de mesure, le velours Maréchal mériterait une admiration sans bornes ; avec cette prodigalité, il devient un fléau. Il est certain, d'ailleurs, que le manteau de saint Ferdinand est une chose fort remarquable, d'un très-puissant effet, et qui n'a pas été assez appréciée. La tunique, légèrement retroussée, laisse entrevoir les jambes recouvertes d'une armure qui est bien rendue. Les chairs des deux figures sont traitées de main de maître. Je n'aime pas beaucoup le fond vert turquoise sur lequel saint et sainte reposent, malgré sa disposition en mosaïque qui atténue l'effet peu heureux de cette couleur. Je préfère, assurément, la mosaïque rouge et verdâtre du fond d'architecture, mais en regrettant que ce verdâtre soit aussi foncé. Le double dais, en style du xvᵉ siècle, est d'un aspect distingué. Ce motif d'ornementation est entièrement blanc, sauf l'arrière-plan, les clochetons de côté et les colonnettes qui sont jaunes ; les découpures se détachent sur fond bleu. Sur le soubassement, sont appliquées des armoiries à la mode allemande d'une exécution excellente. En somme, cette verrière est l'œuvre la meilleure que M. Maréchal ait envoyée à l'Exposition.

M. Coffetier a une vieille réputation qu'il a voulu affirmer par une exposition exceptionnelle, au moins sous le rapport de la quantité. Ce très-habile artiste a envoyé au Champ de Mars quatre immenses verrières, à médaillons légendaires et en style du xiiiᵉ siècle, qui occupaient deux des vastes baies du grand vestibule ; plus une admirable copie d'un vitrail du même genre et de la même époque qu'on admire à la cathédrale de Bourges. M. Coffetier a fait preuve, dans cette imitation d'une œuvre ancienne, d'un talent de copiste rare, précieux, et dont il ne s'est pas suffisamment servi en exécutant les quatre grands vitraux signalés d'abord. Autant la reproduction est parfaite, autant la création accuse un souci exagéré des convenances modernes et une recherche non moins outrée d'invention originale, aussi bien comme couleur qu'au double point de vue de la composition et du dessin. Cette tendance dont je me plains, précisément parce que je reconnais en M. Coffetier un peintre verrier hors ligne, s'accentue avec force dans une série de grandes figures du même style et qui, toutes, sont des évêques ; elles forment le complément de l'exposition de cet artiste. Dans sa copie du vitrail de Bourges, M. Coffetier a non-seulement très-bien imité l'exécution ancienne, mais encore il a su trouver les différentes teintes du verre employé par le peintre du XIIIᵉ siècle, et ce n'était pas chose facile. J'ai surtout admiré le bleu magnifique du fond, ainsi que la manière habile avec laquelle le corps, la profondeur et le brillant lui avaient été donnés. Pourquoi M. Coffetier n'a-t-il pas appliqué plus rigoureusement les connaissances acquises à ses œuvres originales ? Effectivement, les verrières de sa composition ne portent pas assez l'empreinte d'une expérience d'ailleurs incontestable. Le bleu, qui domine trop dans certaines mosaïques, est terne, en général, et produit souvent un fâcheux effet violet par son alliance avec le rouge, ces deux couleurs n'étant pas séparées à l'aide de filets blancs. Dans les médaillons, le fond bleu est trop foncé. Le dessin des figures m'a paru excellent, autant qu'il m'a été possible de l'apprécier, en raison de la hauteur si considérable à laquelle ces petits sujets étaient placés. Je n'ai pas compris la nécessité qui a pu obliger M. Coffetier à représenter très-jeunes tous les évêques, sans exception, dont je parlais il y a un instant : ils ont vingt-cinq ans au plus. Il faut croire que l'artiste a obéi à des convenances particulières, car autrement ce parti pris resterait inexplicable. Il résulte de cette bizarre uniformité une monotonie d'autant plus accentuée que toutes les têtes se ressemblent. Au reste, ces figures sont fort bien dessinées, élégantes, distinguées, mais elles manquent quelque peu de style. Une ornementation architecturale, sur fond en mosaïque, les encadre à la manière ancienne. L'ensemble de la coloration prouve beaucoup de recherche, mais n'a pas grand éclat ; on y remarque aisément une défiance systématique des nuances riches et un désir immodéré du calme, de la douceur, dans l'harmonie des tons. Je ne puis oublier de signaler, avant d'en finir avec M. Coffetier, deux fragments jouant le rôle modeste de bouche-trous et composés de rinceaux colorés. Des oiseaux ajoutent un élément heureux de décoration à ces motifs gracieux et bien entendus. Cela est tout à fait charmant, plein d'originalité et d'une bonne couleur, malgré le fond d'un jaune-huile qui, dans ce cas, est très-acceptable.

M. Émile Thibaud a fondé ses ateliers à Clermont-Ferrand, en 1831 : c'est une date éloquente. A cette époque, la peinture sur verre n'était pas encore sortie de l'état d'abaissement et de décadence complète dans lequel l'avaient mise les deux derniers siècles. Il fallait alors des hommes courageux pour

lutter contre l'indifférence générale et faire sortir ce grand art de l'oubli singulier où l'avaient plongé le mauvais goût et les détestables principes d'architecture religieuse, en faveur jusqu'à l'époque romantique. M. Émile Thibaud
a été un de ces hommes-là. Il a contribué, dans une large mesure, à ressus-
citer le vitrail, tel que l'avait inventé le Moyen-Age et perfectionné, sous de
certains rapports, la Renaissance. Mais, s'il est juste de constater les beaux
états de service de ce très-honorable peintre verrier, ainsi que la notoriété si
légitime qui s'est attachée à son nom, on doit exprimer le regret qu'il n'ait
pas continué de suivre la voie du progrès. Ses œuvres d'aujourd'hui ressemblent trop à celles d'un temps éloigné de nous déjà, quand il y avait tout
à apprendre, qu'il fallait balbutier tout d'abord une langue à peu près oubliée,
rétablir enfin des principes essentiels dont l'application sûre ne pouvait avoir
lieu qu'après bien des hésitations et des essais nombreux. Depuis l'Exposition
universelle de 1855, où les concurrents ont mesuré leurs forces pour la première
fois, sérieusement du moins, les progrès ont été très-considérables chez les
peintres verriers désireux d'en accomplir. L'Exposition de 1867 a donné la
preuve évidente et incontestée de ce fait; en outre, elle a été une nouvelle
étape après laquelle on doit marcher résolûment en avant vers la perfection.

Pour en revenir à M. Thibaud, les verrières qu'il a envoyées au Champ de
Mars démontrent que cet artiste s'en tient à ses succès d'autrefois et qu'il ne
désire pas suivre des concurrents plus jeunes, des nouveaux venus, dans leurs
tentatives, souvent heureuses, ayant pour but de faire sortir le vitrail de l'or-
nière commerciale dans laquelle le bon marché le plonge de plus en plus. Ce
qu'il y a de moins heureux dans les œuvres de M. Thibaud est la coloration,
non-seulement dans son acception restreinte, mais encore dans un sens étendu,
c'est-à-dire au point de vue de l'influence qu'ont sur elle la composition et le
dessin. Ainsi je remarque une Vierge-Mère encadrée par une bordure qui
est formée d'étoiles blanches et jaunes entourées d'un filet circulaire de nuance
verte; le tout se détache sur un fond rouge. Ce motif étant de grande dimension est mal conçu et il est nécessairement d'une mauvaise couleur. La Vierge,
sous un dais sans style, est appliquée sur un fond rouge damassé. Une autre
Vierge, au Sacré-Cœur cette fois, est représentée assise et tenant entre ses
genoux Jésus bénissant. D'un côté, sainte Anne, de l'autre, saint Joseph, sauf
erreur. Parmi d'autres petits vitraux, je dois en signaler un qui est d'un malheureux effet, grâce à la mosaïque violette formant le fond : il figure Jésus-
Christ dormant dans la barque, les apôtres l'entourent et l'éveillent. La meilleure verrière de M. Thibaud est composée de six médaillons rectangulaires
encadrés d'un motif d'architecture blanc et jaune, lesquels représentent l'An-

nonciation, la Visitation, la Présentation au temple, une « Pietà », le Christ
apparaissant à sa mère, l'Assomption et le Couronnement. Ici le dessin a
moins de vulgarité que dans les autres œuvres du même exposant, et l'effet
est bon.

M. Alex. Mauvernay, de Saint-Galmier (Loire), a présenté au public deux
grandes figures, sainte Cécile et sainte Catherine d'Alexandrie. Elles reposent
sur un fond de mosaïque en écailles qui serait excellent si le bleu en était
moins violacé et les filets rouges plus clairs et brillants. L'ornementation architecturale qui encadre ces deux saintes contient un peu de couleur et me
semble assez réussie. Je n'en dirai pas autant des figures : celles-ci sont un peu
prétentieuses d'attitude.

M. Lorin, de Chartres, se retrouve devant nous, dans le vestibule d'honneur, avec son œuvre principale : une copie, grandeur d'exécution, de la
fameuse Descente de croix peinte par Rubens et placée, aujourd'hui, dans la
cathédrale d'Anvers. M. Lorin a dû se donner infiniment de peine pour ne pas
produire une chose absolument détestable, car, sans cela, une idée aussi mal-
heureuse que la sienne aboutissait nécessairement à ce résultat. Cependant,
malgré le soin très-grand que cet artiste a mis dans l'exécution de son travail,
le principe est si faux que M. Lorin s'est entièrement fourvoyé. Il n'y a pas
à discuter ici une question de talent, car le plus habile ne s'en serait pas
mieux tiré. Je me contente de constater l'impossibilité, (qui n'est pas du tout
une preuve d'infériorité à alléguer contre la peinture sur verre), de reproduire
en vitrail un tableau de Rubens. Ce sont deux extrêmes qu'on ne doit pas
tenter de rapprocher, de même qu'il est de bon goût et d'un esprit impartial
de ne pas établir de comparaison entre Fra Angelico et Rubens, Ingres et
Delacroix : l'un n'aurait pu copier l'autre, et chacun de ces maîtres devait
suivre son instinct personnel en matière d'art, en employant les moyens qui
étaient le plus en rapport avec la nature de son talent. Il existe dans l'église
de Sainte-Gudule, à Bruxelles, des vitraux exécutés d'après des cartons de
Rubens ; or ils sont aussi mauvais que les autres vitraux du XVIIe siècle, ce
qui n'est pas peu dire. On le voit, Rubens n'avait pas été mis au monde pour
contribuer à faire fleurir l'art spécial dont nous nous occupons en ce moment ;
je crois même que son influence a pu être funeste dans ce cas. La peinture sur
verre, détournée de sa voie à cette époque, a fini par succomber et disparaître,
ou à peu près. C'est donc un non-sens de faire un vitrail d'un tableau de
Rubens, la manière de ce maître admirable étant en opposition directe avec
celle qui est imposée à tout bon peintre verrier, comme les moyens matériels
propres aux deux genres de peinture sont aussi différents que possible.

M. Lorin, qui semble ne reculer devant rien, s'est gravement trompé et il a
fait un mauvais vitrail. Il y a là des qualités de dessin, une exécution remarquable dans certaines parties, mais aussi un effet manqué absolument. Quant
à la couleur, elle est à celle de l'œuvre du maître flamand ce qu'une maladroite caricature est à un beau portrait. Enfin l'ornementation architecturale
qui domine le sujet augmente encore l'aspect déplorable de l'ensemble.
M. Lorin est un homme de bonne volonté, auquel je souhaite de se préoccuper
et de s'inspirer davantage des modèles magnifiques qu'il a le bonheur d'avoir
près de lui, à la cathédrale de Chartres.

IV

La section française étant épuisée, il nous reste à passer en revue les vitraux
étrangers qui ne nous arrêteront pas longtemps, en raison surtout du caractère
assez uniforme que présente le plus grand nombre d'entre eux.

A peu d'exceptions près, la Grande-Bretagne a produit ces verrières : on
s'en aperçoit bien vite, grâce aux ouvertures étranges, propres à l'architecture anglaise, dont la plupart des tympans sont découpés dans les vitraux
exposés. Au reste, ce n'est pas dans le xive et le xve siècles de nos voisins
d'outre-Manche, principalement quand ils sont une imitation de fabrique
moderne, qu'il faut chercher la simplicité, la beauté et la logique des lignes.
Rien n'est laid et singulier, sous le rapport architectonique, comme ces com-
binaisons de meneaux dues à une géométrie que l'on peut qualifier d'originale, à tout le moins, et par pure courtoisie; mais passons!

Il est nécessaire de prévenir le lecteur que nous sommes toujours dans le
grand vestibule du Palais : cette étude déjà bien longue touchera à sa fin
lorsque nous le quitterons.

Les deux seuls vitraux non anglais placés sur le côté droit de cette immense
galerie par l'étranger sont d'origine autrichienne et représentaient à l'Exposition universelle, malgré leur peu d'importance, la peinture sur verre dans
ce grand empire où elle a eu jadis un sérieux développement.

La plus grande des deux verrières, mais non la meilleure, est de
M. Charles Geyling, de Vienne. Elle a été exécutée par les ordres de l'empereur François-Joseph pour la cathédrale de Nancy. Un affreux assemblage
de rouge, de jaune et de vert constitue la coloration de quatre dais en style de
la fin du xive siècle qui couronnent autant de personnages debout : saint
François d'Assise, sainte Élisabeth de Hongrie et deux anges portant, cha-

cun, un écu armorié et un casque au cimier surmonté d'une couronne et de plumes de paon. Tout cela est d'une assez mauvaise couleur, et l'effet triste du vitrail est encore augmenté par le fond dont le bleu violet est trop vigou- reux. Mais l'exécution des têtes est excellente et dénote un talent ainsi qu'une science du dessin au-dessus de toute critique ; toutefois il est très-fâcheux que l'artiste ait enluminé ces têtes à l'aide d'un émail rose beaucoup trop à la mode chez les Allemands. Le tympan de la fenêtre est décoré avec des feuil- lages où le vert foncé domine : cela est absolument détestable.

Le second vitrail provient d'un établissement anonyme de peinture sur verre, sis à Inspruck (Tyrol). Il est de très-petite dimension et représente une Vierge-Mère, un peu perdue dans un immense encadrement d'ornemen- tation architecturale en grisaille, fort compliqué de détails, où la figure joue un rôle bien compris. Malgré de sérieux défauts dans la coloration, parmi les- quels je dois signaler le fond vert sur lequel la Vierge se détache, le dessin de l'ensemble de la verrière est si plein de caractère, l'exécution est si soignée, que l'auteur inconnu de cette œuvre a droit à des éloges que je ne lui ména- gerais pas si l'espace dont je dispose me le permettait.

Il faut reconnaître à l'art allemand un mérite que l'on rencontre rarement dans celui de notre pays : c'est la manière essentiellement sérieuse avec laquelle il est mis en pratique. A un petit nombre d'exceptions près, tout ce qui sort d'une main tudesque est exécuté avec une loyauté et un soin remar- quables, après une étude réfléchie, poussée à ses limites extrêmes, du sujet proposé et des procédés matériels à employer. La conséquence infaillible est de produire des systèmes, des partis pris qui ont leurs inconvénients, cela n'est pas douteux ; mais ces inconvénients sont effacés par des avantages bien plus grands encore. En d'autres termes, par sa nature patiente et investigatrice, l'artiste allemand arrive nécessairement au style, but vers lequel tendent les efforts de la plupart des peintres de tout genre et que n'atteignent presque jamais les Français, leur légèreté ou leur insouciance les obligeant à rester en chemin. Qu'on ne se méprenne pas sur ce que j'appelle le style, car je ne veux pas étendre cette dénomination au droit naturel de faire « laid ». Dans l'histoire de l'art allemand, si l'on rencontre çà et là des œuvres d'une beauté contestable, celles-ci sont en minorité et elles disparaissent devant les travaux merveilleux d'une succession de maîtres, dans les siècles passés, comme devant ce qu'exécutent encore aujourd'hui les artistes de cette contrée si féconde en hommes de talent.

Si le cadre de la présente étude le comportait, il y aurait lieu de parler longuement de l'esprit qui préside à la création des œuvres de l'art industriel

en Angleterre, ainsi que des efforts immenses effectués, depuis une quinzaine
d'années, par ces insulaires capables seulement, disait-on, de construire des
machines et de se livrer au commerce. Je suis d'autant plus disposé à ne rien
dire sur ce sujet, d'ailleurs si curieux et intéressant, que l'Exposition universelle de 1862 a donné le coup de grâce à ce vieux préjugé. Il est vrai que
les Anglais ont contribué longtemps à maintenir dans l'opinion publique une
prévention aussi défavorable et blessante pour leur amour-propre national.
Maintenant tout le monde, sauf quelques personnes qui se refusent à voir clair,
sait à quoi s'en tenir à cet égard. L'établissement du collége de South-Kensington et de son important musée est une idée éminemment pratique, heureuse à tous les points de vue. Cette institution fait faire des pas de géant aux
progrès de l'art industriel dans la Grande-Bretagne. Son succès, il faut bien
le constater, a pour cause essentielle une étude intelligente de l'art ancien,
développée à l'aide de moyens d'action très-puissants et dont la conséquence
est l'achat de magnifiques objets, chefs-d'œuvre des époques les plus remarquables, ainsi que la reproduction, par le moulage ou par le dessin, des monuments qu'il est impossible d'acquérir à prix d'argent.

La peinture sur verre a dû prendre une bonne part des progrès accomplis,
si l'on en juge d'après l'un des vitraux exposés au Champ de Mars et dont
l'auteur est M. Hardman, de Birmingham. Je regrette de ne pouvoir en
signaler d'autres, mais celui-là suffit pour donner une idée excellente de ce
qu'on est capable de faire de l'autre côté de la Manche. Toutefois il résulte
de l'ensemble des verrières envoyées à l'Exposition par les Anglais, que la
majorité de ces derniers a la détestable habitude de décorer les fenêtres avec
des vitraux qui paraissent être de la toile peinte. Quand je les ai comparés
à de grandes et fades aquarelles, je me suis tenu dans les bornes de
la vérité la plus rigoureuse. Au reste, on n'ignore pas que, en peinture à
l'aquarelle, le génie britannique s'est acquis une remarquable supériorité,
grâce aux très-habiles artistes qui ont figuré à l'Exposition internationale
de 1855. Les Anglais ont été grisés par ce succès, et ils ont cru devoir
étendre le même procédé, sous le rapport de l'effet, aux vitraux. Mais si les
productions de cet art pèchent par plus d'un côté et, spécialement, au point
de vue de la couleur, on ne peut leur refuser des qualités bien essentielles et
à peu près inconnues de beaucoup de nos peintres verriers français. Il est rare
qu'un vitrail anglais soit une chose indifférente : au milieu de défauts plus ou
moins nombreux et apparents, il sera facile d'y découvrir une pensée bien ou
mal exprimée, et comme un puissant effort pour éviter les banalités dans le
choix des sujets, ainsi que la vulgarité dans la manière de les représenter. Les

Anglais sont, en général, plus instruits que nous : on s'en aperçoit aisément aux scènes, aux compositions de toute nature qu'ils essayent de traduire à l'aide de leur pinceau. La lecture de la Bible peuple leur imagination d'images et de symbolisme ; or, comme ils ont la bonne fortune d'être compris et encouragés, bien payés aussi, ils développent volontiers, en les fixant par n'importe quel procédé, des idées qui, en France, feraient sourire ou n'intéresseraient aucunement. Ces gens-là, si positifs et si pratiques, parfaits commerçants et industriels de génie, aiment la poésie (s'ils ne sont pas toujours des poëtes heureux) à l'égal, parfois, des artistes qui ont peint et sculpté nos édifices du Moyen-Age et de la Renaissance. C'est ainsi que M. James Powell, de Londres, aidé de la collaboration de ses fils, a exécuté pour le musée de South-Kensington une grande verrière dont je n'ai pu, à mon grand regret, démêler complétement la composition, toujours à cause de l'élévation exagérée à laquelle les vitraux étaient placés dans le grand vestibule. Les deux figures principales, fort compréhensibles, semblent rappeler le but de l'enseignement distribué avec tant de libéralité par cet établissement unique jusqu'ici ; elles symbolisent l'alliance de l'art et de la science sous l'inspiration de la sagesse. Celle-ci, je pense, est cette femme nimbée, assise sur des nuages, tenant un livre et un vase d'où sortent des flammes, qui occupe la partie supérieure du vitrail. Plus bas, la Science et l'Art se rencontrent et se donnent la main : l'une est couronnée de lauriers et l'autre porte le sceptre. Une inscription qui règne autour de la fenêtre indique le thème magnifique proposé à MM. Powell : ce sont quelques-uns des versets du « Livre des Proverbes » :

« Ego sapientia habito in consilio, et eruditis intersum cogitationibus.

« Per me reges regnant, et legum conditores justa decernunt.

« Per me principes imperant, et potentes decernunt justitiam.

« Ego diligentes me diligo : et qui mane vigilant ad me, invenient me.

« Nunc ergo, filii, audite me : Beati qui custodiunt vias meas. » [1]

Un assez petit nombre de personnages, un grand portique et quelques accessoires ne suffisent pas pour donner à cette grande page l'aspect d'un vitrail. La coloration pâle et froide, où le gris domine, produit l'effet d'une toile peinte brûlée par le soleil.

MM. Powell n'ont pas été beaucoup plus heureux dans une autre verrière immense, de forme légèrement concave, exécutée en grisaille à peine relevée de quelques points jaunes, et qui contient plusieurs parties colorées d'un effet très-dur et formant de véritables taches sur le verre blanc. Ainsi, au milieu

---

1. « Liber Proverbiorum », cap. viii, v. 12, 15, 16, 17, 32.

de rinceaux modelés en gris, je remarque des médaillons en couleur relativement microscopiques, une guirlande vert foncé enrichie de points rouges et le
bonnet phrygien d'une femme assise qui tient les brides d'un cheval auxquelles
un mors est suspendu : est-ce la Tempérance qu'on a voulu représenter ? Le
mors, attribut de cette vertu, le ferait croire volontiers. Le sens de la composition m'échappe si la Tempérance, comme figure isolée, n'est pas toute la
pensée que l'artiste a dû et voulu exprimer. Cette femme symbolique est colossale ; elle ne semble pas se rattacher à une idée d'ensemble. Au centre est un
saint Georges assez bien traité sous le rapport du dessin.

Les mêmes exposants avaient encore envoyé au Champ de Mars divers
autres vitraux, mais d'une importance médiocre, tels que des médaillons à
sujets de très-petite dimension et dont la couleur n'avait rien de séduisant.
Enfin l'exposition de MM. Powell était complétée par un Crucifiement où le
symbolisme joue un grand rôle. Du cadavre d'Adam sort une longue croix
sur laquelle la figure trop petite de Jésus est attachée. Sur les côtés sont
représentés Adam et Ève, la Religion chrétienne triomphante et le Judaïsme
vaincu. Au-dessus, le ciel peuplé d'anges et des élus. Ce vitrail est conçu
d'une façon singulière, au point de vue de la coloration, et il s'éloigne complétement du système qui paraît être adopté, le plus souvent, par ses auteurs.
Cette fois, nous sommes en présence d'un véritable feu d'artifice, d'une masse
sombre où éclatent quelques étincelles blanches, jaunes et vertes et une
grande quantité de flammes rouges qui donnent à cette composition originale
un aspect fantastique.

La veille ou le matin même de l'ouverture de l'Exposition, furent placées,
afin de garnir une baie restée vide, deux verrières d'origine anglaise restées
anonymes, mais que je n'hésite pas à attribuer à MM. Powell. L'une de ces
deux œuvres-là est exécutée dans la même manière que le vitrail destiné au
musée de South-Kensington dont j'ai parlé plus haut : j'y trouve encore ce
déplaisant effet d'aquarelle déjà signalé. Devant le portique du temple de la
Gloire, au-dessus duquel plane un génie ailé qui embouche l'une de ses deux
trompettes, sont assemblés quelques artistes illustres : Michel-Ange, Raphaël,
Titien, Rubens, Palissy, Palladio. Comme complément de la mise en scène de
cette apothéose, des enfants portent une lourde guirlande de lauriers à
laquelle sont suspendues des couronnes. Le ciel bleu, qui pourrait être limpide
en semblable circonstance, est chargé de nuages ou, pour être absolument
exact, est rayé de longues bandes blanches et bleuâtres mises en plomb : cela
m'a semblé bien étrange et franchement mauvais. Les figures sont peintes avec
des émaux d'une belle qualité, mais dont l'emploi est absurde, sans justifica-

tion possible, quand il s'agit de colorer d'aussi grandes parties de verre. Ce
malheureux parti pris, tout à fait incompréhensible pour moi, revêt précisément la verrière de cet aspect fade qui lui donne beaucoup d'analogie avec
un store déteint. L'autre vitrail ressemble fort à celui de MM. Powell dans
lequel j'ai cru voir une représentation de la Tempérance : mêmes rinceaux en
grisaille, semés de petits médaillons colorés à l'aide d'émaux, plus une
grande figure de femme tenant entre ses mains une corne d'abondance.

J'ai fait allusion, en entamant la revue des vitraux anglais, à l'œuvre très-
remarquable de M. Hardman, de Birmingham. Cet habile peintre verrier,
célèbre en son pays, a effectivement envoyé à l'Exposition une Adoration des
mages qui est un chef-d'œuvre, ou il s'en faut de peu. A part certaines atti-
tudes forcées et une recherche excessive du style, frisant le grotesque parfois,
le dessin est excellent et l'exécution presque parfaite. M. Hardman a eu
raison de prendre nettement le parti de peindre ses têtes sur verre blanc ou
verdâtre pâle, ainsi que de s'en tenir à un modelé très-doux et sobre, suivant
en cela l'exemple des artistes de la Renaissance qui ont produit les vitraux
admirables de Brou, Conches et Rouen. La coloration est harmonieuse, grâce
surtout à l'emploi de tons clairs ; aussi l'effet général manque-t-il un peu de
vigueur. Cependant cette verrière possède une richesse relative due aux vêtements damassés portés par les rois, ainsi qu'à la bonne disposition des rouges,
dégradés avec intelligence.

Un autre vitrail d'un très-bon style est celui de M. J.-T. Lyon, de Londres :
il représente David jouant de la cithare. Le dessin du personnage est plein
de caractère ; mais la couleur laisse à désirer en raison de l'abus du vert.

M. Baillie, de Londres, a eu le tort de faire des vitraux qui ressemblent
fort aux plus médiocres de la section française. Son Christ donnant les clefs
à saint Pierre et une autre petite croisée à trois personnages n'ont aucune des
qualités qui distinguent les œuvres de ses compatriotes.

Outre un certain nombre de vitraux composés de petits sujets ayant
bonne tournure de loin et où je remarque de beaux rouges nuancés,
MM. Lavers et Barraud, de Londres, ont exposé une charmante verrière
représentant un Crucifiement. Une grande quantité d'anges aux longues ailes
entourent la croix. Je constate que le modelé des draperies est produit, jusqu'à
un certain point, par la dégradation de la couleur dans le verre. Le bleu, le
rouge et le violet sont magnifiques.

M. T. Dury, de Warwick, est un Français anglicanisé, ancien élève de Picot,
ce que ses œuvres ne feraient pas supposer. M. Dury est un homme de talent
et un chercheur. Il a exposé plusieurs médaillons perdus à cette hauteur,

mais dont j'ai pu, cependant, apprécier le mérite. Le repos de la Sainte-Famille en Égypte et six sujets de la légende de sainte Élisabeth de Hongrie m'ont paru bien dessinés et d'une bonne coloration.

Quelques figures, des Vertus, je crois, peintes en grisaille sur fond de couleur, formaient la meilleure partie du mince bagage de M. Morris, de Londres, à l'Exposition. Sauf une « couverte » trop prononcée sur le verre verdâtre, ces figures, dessinées dans un bon style, méritent des éloges. Un saint Luc et une sainte Cécile, personnages de petites proportions, colorés sur fond de grisaille, sont moins bien compris.

MM. Heaton, Butler et Bayne, de Londres, ont assez bien réussi leur grande verrière de la Passion, dont les sujets sont peints à l'aide de tons fort clairs (bleuâtres, verdâtres, blancs et jaunes), qui se fondent dans une harmonie générale avec le verre blanc du fond, chargé de rinceaux finement tracés, à la manière du XIVe siècle. Mais, malgré toute l'habileté avec laquelle ces artistes ont tourné la difficulté, il est impossible de les encourager à suivre cette voie, qui est mauvaise, en principe. L'effet est étrange, comme dans leur immense vitrail des Apôtres, bien qu'à un point de vue très-différent. Cette dernière fenêtre est entièrement colorée avec des nuances enfumées, des bleus gris et un certain vert-olive dont les Anglais abusent. Les ramifications originales des meneaux, dans le tympan, contribuent un peu à l'impression singulière que produit la verrière. Les sujets sont bien dessinés et ont beaucoup de caractère. Je remarque surtout : une lapidation de saint Étienne, où le Christ, en buste et vêtu de blanc, tenant une petite croix, apparaît au saint et le bénit ; saint Pierre recevant les offrandes des premiers chrétiens; le même guérissant un boiteux; Saul renversé de cheval; le martyre de saint André; saint Jean dans l'île de Pathmos, etc.

Voici encore une œuvre d'énorme étendue et qui a beaucoup de style sous le rapport du dessin. Elle est signée de MM. Edmunson, de Manchester, et ressemble beaucoup plus à la copie d'une vieille tapisserie, ainsi que j'aurais pu le dire également du vitrail de M. Hardman, qu'elle ne paraît être inspirée de la peinture sur verre d'autrefois. Cette page a du style, mais un style vulgaire. Dans certaines parties, la coloration est crue et violente. Les sujets sont tirés de la vie de Jésus-Christ. Mes observations sur la manière dont MM. Edmunson entendent la couleur seraient bien plus amères si je devais les appliquer au second vitrail qu'ils ont exposé, représentant la Transfiguration : je préfère m'abstenir et me contenter de signaler ce détail curieux que saint Pierre porte ses clefs suspendues à sa ceinture, sur les reins.

MM. Claudet et Houghton, de Londres, ont exposé deux verrières, dont l'une, contenant trois figures : le Christ, saint Pierre et saint Paul, est certainement la moins bonne de la section anglaise. Ces personnages sont courts, vulgaires et d'une couleur détestable. L'autre vitrail, une Ascension, est bien meilleur sans être très-bon. Le fond est d'un bleu violet que l'on ne regarde pas long-temps impunément pour ses yeux. Les figures ont de sérieuses qualités de dessin.

Du saint bénissant, de M. Newmann, de Londres, je ne puis dire autre chose que le vêtement du personnage est couvert de galons sans qu'il en soit plus riche.

Six sujets de la vie du Christ, réunis dans une petite verrière, par MM. Cox, de Londres, sont d'un effet excellent.

M. R. Townroe a dessiné et exécuté un très-grand vitrail pour le musée de South-Kensington, qui est, je crois, celui que l'administration de cet établis-sement avait mis au concours, il y a plusieurs années ; il représente les métiers, en même temps qu'une nouvelle glorification de l'alliance de l'Art et de la Science. Les Anglais se préoccupent fort de l'avenir merveilleux ouvert aux arts industriels ; ils le chantent sur tous les tons, comme ils racontent avec complaisance le passé de nombreuses industries qui ont donné naissance aux arts du dessin. S'il est permis d'en juger d'après ces verrières du grand ves-tibule à l'Exposition universelle, ainsi que d'après une quantité d'objets de toute nature fort remarqués par moi au Champ de Mars, l'union de la Science et de l'Art est un thème favori pour nos voisins et doit être singulièrement développé sur les croisées, les voûtes, les murs et le dallage de leurs édifices religieux et civils. Le vitrail de M. Townroe, dans lequel une ornementation architecturale du style de la Renaissance joue un rôle important, est mal coloré et ressemble à un véritable store. Décidément quand les Anglais auront une entente raisonnable de la couleur, ils produiront des œuvres à peu près parfaites ; ce sentiment-là leur manque jusqu'ici et on ne saurait trop le regretter.

MM. Forrest, de Liverpool, ont exposé une figure d'homme colossale dont je ne saisis pas le sens. Il m'aurait été donné de le comprendre probablement si j'étais parvenu à lire une longue inscription, fort bien exécutée en grisaille, et placée au-dessous du personnage.

M. Cotteir, de Glascow, s'est contenté d'envoyer à l'Exposition un vitrail formé d'ornements et d'armoiries, très-bien composé et d'une assez bonne coloration.

Près de la verrière de M. Cotteir s'en trouvait une autre du même genre, mais sans écussons, exécutée par MM. Field et Allan, de Leith ; l'effet en est très-bon également.

MM. Ward et Hugues, de Londres, ont un talent quelque péu inégal. Tantôt ils arrivent au style sans que cela paraisse leur coûter beaucoup de peine, comme dans un vitrail représentant le Christ assis, sceptre et boule du monde entre les mains, couronne en tête, et entouré d'anges; tantôt ils produisent des œuvres qui n'ont aucun caractère. Cependant ces peintres verriers prouvent toujours leur habileté ainsi qu'un très-grand soin dans l'exécution. Ils entendent parfaitement l'ornementation architecturale, à laquelle ils mêlent des rinceaux de couleur. J'ai grandement admiré ce système de décoration dans leur grande verrière à quatre jours figurant les saintes Femmes au tombeau du Christ et l'apparition de Jésus à Marie-Madeleine. La partie supérieure du motif d'architecture se combine, sur le fond rouge, avec des enroulements dont les feuilles, les fruits et les fleurs forment des points brillants et d'une grande richesse. Les figures sont bien dessinées, mais manquent de caractère. Le fond des sujets est un paysage d'une exécution excellente. Un autre vitrail de grande dimension, représentant des scènes de la vie de Notre-Seigneur, est conçu de la même façon; les observations ci-dessus doivent lui être appliquées. J'aime moins une Adoration des bergers et une Résurrection dont la couleur et le dessin sont médiocres, pour ne pas dire mauvais.

Je ne puis me dispenser, avant de clore mon étude sur la peinture sur verre anglaise, de dire quelques mots d'une grande maquette de vitrail, extrêmement remarquable et intéressante sous tous les rapports, qui était exposée dans la galerie du Mobilier. C'est un projet exécuté à l'aquarelle avec grand talent par M. J.-L. Coulton, de Londres, qui semble résumer l'histoire d'Angleterre. On y voit le roi Jean signant à Runnymead, en 1215, la grande charte que lui imposèrent ses barons; ensuite, le dépôt sur l'autel de la cathédrale de Saint-Paul, à Londres, de l'étendard royal enlevé à la fameuse bataille de Bosworth, par Henri VII sur Richard III (1485). Le reste de la verrière est une série de portraits des principaux souverains anglais depuis Guillaume le Conquérant jusqu'à la reine Victoria, accompagnés de leurs armoiries. L'ornementation architecturale qui encadre sujets et portraits est composée dans le style du xive au xve siècles. Plusieurs figures sont pleines de caractère, mais d'autres sont moins heureuses, surtout celles qui ne remontent pas au delà du xviie siècle. Il est facile de comprendre que la question de costume en est cause.

Dans l'immense galerie des « Arts usuels », la Prusse avait exposé trois verrières, dont l'une lui faisait honneur et sortait d'un établissement de l'État ayant nom « Manufacture royale de peinture sur verre de Berlin ». Quand je dis que ce vitrail faisait honneur à la nation prussienne, j'exprime ma pensée d'une manière légèrement inexacte, et l'éloge est plus relatif qu'absolu. Il s'agit d'une œuvre bien composée, non au point de vue spécial du vitrail, mais simplement si l'on donne à cette proposition un sens général. Le dessin prouve une main habile. La couleur ne contient pas une note fausse, au moins dans la partie de la croisée qui renferme le sujet principal; ici, l'harmonie est parfaite. Et cependant cette grande verrière, dont les qualités sérieuses, exceptionnelles même, sont évidentes, m'a laissé froid et n'a pu forcer mon admiration, malgré la bonne volonté que j'ai mise à me rendre. C'est que, pour produire un bon vitrail, il ne suffit pas de posséder un talent natif, originel, prêt à s'accommoder de tout, rendant un artiste capable de traiter avec un certain bonheur les divers travaux offerts par l'occasion : tableaux, fresques et, par-dessus le marché, les arts nés de l'industrie. Or je suis assez disposé à croire que l'homme fort habile, je maintiens l'épithète, qui est l'auteur de ce spécimen des produits de la « Manufacture royale de Berlin », est un peintre verrier à la manière de M. Ingres. Son œuvre n'a pas le caractère propre au véritable vitrail. Tout en rendant hommage au soin avec lequel elle est exécutée, je ne puis me dispenser de le dire, aucune différence appréciable dans la composition, le dessin, la couleur, la façon de comprendre le modelé, les ombres portées surtout, n'existe entre une verrière de cette sorte et un tableau, une fresque ou un beau store. L'effet est celui d'une toile peinte vue en transparence : bien des gens pourraient s'y tromper. Cet aspect si faux est plus accentué encore que dans certains vitraux français et anglais signalés précédemment; cependant il choque moins le regard chez l'artiste allemand, parce que la composition a beaucoup plus de profondeur, en raison des plans nombreux qu'elle présente.

Il est impossible de préciser la nature du sujet devant l'absence de toute notice explicative; mais il est apparent qu'elle représente un souverain, probablement un empereur d'Allemagne, présidant à la pose de la première pierre d'un édifice religieux, la Chartreuse de Nuremberg peut-être, à laquelle le roi de Prusse fait cadeau du vitrail. Le prince est assis sur un trône à baldaquin recouvert d'une étoffe d'or brochée. Lui-même est vêtu richement, et son manteau de soie jaune, damassé d'ornements d'or, produirait un grand effet s'il était d'un ton plus vigoureux. Les plis en sont un peu secs et cassés, à la manière, mais très-mitigée, d'Albert Dürer et de celle de la plupart des artistes allemands et flamands. Des chevaliers aux armures somptueuses, des moines, un cardinal, un évêque et l'architecte de l'édifice en construction complètent la composition qui est bien ordonnée. Le sujet est surmonté d'un

motif d'architecture en gothique fleuri dont le style est essentiellement allemand. Le peintre a eu tort d'y introduire un feuillage vert désagréable et dur.

Sur les côtés de cette œuvre importante, le docteur H. Oidtmann, fabricant
de verres à vitres à Linnich, près Aix-la-Chapelle, en même temps qu'il s'occupe de peinture sur verre, avait placé deux vitraux. Le premier représente
saint Guillaume, moine et soldat, sainte Catherine d'Alexandrie et sainte
Sophie, femme âgée, tenant la croix d'une main et, de l'autre, indiquant une
ancre placée à ses pieds. Ces trois figures, honnêtement exécutées, se détachent
sur un fond en mosaïque rouge et verte, d'un aspect plus mauvais encore.

La seconde verrière nous montre les apôtres réunis autour du sépulcre, d'où
le corps de la Vierge est sorti pour monter au ciel en laissant des roses à sa
place. Ils assistent au couronnement de Marie par Dieu le Père et Jésus-
Christ, qui ont au-dessus d'eux le Saint-Esprit en colombe, dont la tête est
entourée d'un nimbe non croisé. Cette seconde scène occupe la moitié supérieure de la croisée. Le fond est bleu, semé d'étoiles blanches disposées en
mosaïque. Le dessin des figures est assez médiocre, l'exécution trop sèche et
la coloration vulgaire.

M. le docteur Oidtmann avait encore exposé d'autres vitraux, mais dans
le salon de la Commission prussienne. Le meilleur est une Annonciation où
l'ange m'a semblé fort bien réussi ; porté sur un nuage, il est habillé d'une
tunique blanche et d'une dalmatique jaune damassée qui sont exécutées d'une
façon remarquable. Les ailes grises de l'envoyé céleste produisent un fâcheux
effet ; en outre, elles ne se détachent pas assez du fond d'architecture que j'ai
trouvé lourd et plat, trop couvert d'une grisaille fade et uniforme. La Vierge
manque de caractère.

Je passe sans m'arrêter devant le portrait du roi Guillaume et celui d'un
prince de sa famille, médaillons peints assez adroitement à l'aide d'émaux, et
il me reste à indiquer au lecteur un portrait en pied, de grandeur naturelle,
de l'empereur Napoléon III en uniforme, avec tous les insignes de la souve-
raineté. Ce vitrail est, à mon avis, une véritable absurdité. Rien n'est regrettable comme ces tentatives qui font douter du bon sens d'un artiste. Il est
absolument incontestable que, en peinture sur verre, on doit conserver à
la matière fondamentale une translucidité plus ou moins grande, suivant
les cas et le sentiment du peintre, mais qui ne peut jamais disparaître
pour faire place à une opacité complète. M. Oidtmann n'a pas craint cependant de couvrir d'un noir épais, ressemblant assez à une couche de cirage,
l'habit de l'Empereur ; aussi l'effet est-il singulièrement dur, étant en opposition
avec la culotte blanche, qui est lumineuse au plus haut degré, comme l'her-

mine du manteau. Le reste est à l'avenant, et je crois inutile d'en parler. Il est facile de se rendre compte de l'aspect d'une semblable verrière quand l'on sait qu'elle singe ces tableaux officiels où les peintres étalent, avec tant de complaisance, le velours sur le parquet, sur la table qui supporte des insignes royaux ou autres, et le façonnent en rideaux et en tentures de tout genre. M. Oidtmann a taillé en pleine étoffe, et il s'est préoccupé surtout de dissimuler le fer et le plomb indispensables à son œuvre, soit en leur donnant des inflexions exagérées, soit en employant des morceaux de verre d'une dimension énorme. L'armature, d'ailleurs trop mince pour offrir une solidité sérieuse, épouse tous les contours de la figure avec une audace inconnue à M. Maréchal lui-même. La tête de l'Empereur seule mérite un éloge : elle est ressemblante et bien modelée.

La peinture sur verre en Belgique était exclusivement représentée à l'Exposition universelle par M. Dobbelaere, de Bruges. Cet artiste a placé deux verrières de médiocre importance à l'entrée d'un pavillon que ses compatriotes ont élevé pour abriter leurs œuvres d'art. Elles représentent saint Matthieu, Osée, Johel, dans une baie, et saint Pierre, saint Jean, saint Paul, dans l'autre croisée. Chaque figure est encadrée par un motif d'ornementation architecturale accompagnée d'une bordure à rinceaux : le tout est en style du XIVᵉ siècle d'une pureté contestable. Les têtes semblent dessinées à la plume et les chairs sont recouvertes d'une teinte bistrée ou jaune qui est peu agréable à voir ; mais ce qui est encore moins bon est l'émail rouge dont les lèvres de saint Pierre sont colorées. Ces vitraux ne manquent pas d'un certain caractère et l'exécution offre des qualités qui ne sont pas ordinaires. Toutefois, il y a lieu de conseiller à M. Dobbelaere de modifier sa manière et son style.

Avec l'Italie, je dois clore la liste des nations qui ont envoyé des vitraux à l'Exposition de 1867. Un seul artiste la représentait et ce n'était pas le très-habile M. Bertini, de Milan, dont l'abstention est aussi regrettable pour son pays que celle de M. Capronnier pour la Belgique.

L'unique exposant italien était donc, en peinture sur verre, M. Francesco Moretti, de Pérouse. Le catalogue indique en outre, M. Giuseppe Francini, de Florence ; mais je n'ai trouvé nulle part les œuvres de ce peintre, qui vraisemblablement a renoncé à la lutte au dernier moment. M. Moretti est un homme de grand talent et il l'a montré dans un genre quelque peu ingrat, celui-là même où M. Nicod n'a pu réussir entièrement quand il s'est avisé de transporter sur verre le Pérugin du musée du Louvre. Notre Italien, qui dispose d'admirables émaux et qui les emploie avec un art consommé, est parvenu à atteindre la perfection dans sa copie d'un tableau du maître de Raphaël. Le sujet est un couronnement de la Vierge : Jésus-Christ et sa Mère sont assis sur des nuages; un cercle formé de têtes d'anges accompagnées d'ailes aux couleurs variées les entoure. Le fond est d'or strié de rayons. Sauf la robe de Marie qui est en rouge plaqué et la tunique du Christ en verre bleu d'un ton trop vigoureux, toutes les autres couleurs sont des émaux d'une qualité merveilleuse, parmi lesquels j'ai particulièrement remarqué le pourpre dit de Cassius, appliqué sur le manteau de Notre-Seigneur. Malgré les dimensions assez grandes de ce médaillon et l'étendue considérable de certaines pièces de verre ainsi colorées, l'effet général n'est pas clair et froid, comme on serait assez volontiers disposé à le croire. Ici, aucune analogie avec la peinture à l'aquarelle, comme dans les vitraux français et anglais traités de la même manière. Enfin les têtes sont dessinées de main de maître et modelées de façon à surpasser peut-être l'œuvre originale, en admettant que la verrière soit une copie, ce dont je ne suis pas certain. Somme toute, M. Moretti a produit un chef-d'œuvre (bien malheureusement brisé dans le transport) ; mais cela ne peut modifier mes idées sur la matière et je persiste à penser qu'il est préférable de faire des vitraux à l'aide de moyens plus simples et plus rationnels. M. Moretti s'est donné une très-grande peine et il a dépensé son temps et son talent sur une œuvre trop fragile, pour laquelle un déplacement a été un arrêt de mort. Je ne proscris pas d'une manière absolue la peinture sur verre ainsi comprise, car elle a sa raison d'être, à titre exceptionnel, dans quelques cas fort rares. Mais la sagesse consiste précisément à restreindre ce genre dans les limites les plus étroites et quand il y a un intérêt sérieux à l'adopter.

Les peintres verriers doivent en prendre leur parti, les tendances au progrès dont ils sont tous animés, j'en suis convaincu, doivent être dirigées non pas dans la voie suivie par M. Moretti, mais dans un sens entièrement opposé. Notre grand établissement de Sèvres a dû renoncer à faire des vitraux, après un très-grand nombre d'années pendant lesquelles il s'est épuisé en vains efforts pour produire de bons « tableaux » sur verre d'une seule pièce. Il faut que cet exemple soit une leçon et que tous en profitent. L'émail colorant est une chose détestable quand il est élevé à la hauteur d'un système, tandis que le plomb est un auxiliaire précieux, indispensable, et ne peut être traité en ennemi par le peintre verrier. En effet, le plomb accentue toujours heureusement les contours d'une figure ou d'un ornement dans un art décoratif par excellence qui, en principe, doit être considéré comme une mosaïque et la plus belle qu'on puisse rêver. Il fallait une conclusion à cette revue des vitraux réunis au Champ de Mars en 1867 ; je ne pense pas pouvoir en trouver une

meilleure que celle-là. J'y joins le souhait de voir bientôt cesser entièrement
les encouragements involontaires donnés à la fabrication des verrières peintes,
produites dans des conditions d'infériorité dues à un bon marché excessif. Des
œuvres semblables sont un déshonneur pour leurs auteurs, une honte pour
les édifices dans lesquels on les place, et deviennent le plus souvent une cause
d'affliction pour les personnes qui les ont fait exécuter.

OUVRAGES DU MÊME AUTEUR.

HISTOIRE DE LA PEINTURE SUR VERRE EN EUROPE. In-4° avec gravures. (En cours de publication dans les ANNALES ARCHÉOLOGIQUES.)

VITRAUX DU GRAND-ANDELY. In-4° avec 2 planches.

PARIS. — J. CLAYE, IMPRIMEUR, RUE SAINT-BENOIT, 7. — [559].

www.ingramcontent.com/pod-product-compliance
Lightning Source LLC
Chambersburg PA
CBHW071421220526
45469CB00004B/1380